新型城镇化背景下扩大服务消费制度联动研究

The System Research of Expanding Service Consumption under the Background of New Urbanization

张颖熙◎著

经济管理出版社
ECONOMY & MANAGEMENT PUBLISHING HOUSE

图书在版编目（CIP）数据

新型城镇化背景下扩大服务消费制度联动研究/张颖熙著.—北京：经济管理出版社，2021.3

ISBN 978-7-5096-7828-2

Ⅰ.①新… Ⅱ.①张… Ⅲ.①服务需求—居民消费—研究—中国 Ⅳ.①F126.1

中国版本图书馆 CIP 数据核字(2021)第 042230 号

组稿编辑：申桂萍
责任编辑：申桂萍　尹珍珍
责任印制：黄章平
责任校对：陈　颖

出版发行：经济管理出版社
（北京市海淀区北蜂窝 8 号中雅大厦 A 座 11 层　100038）
网　　址：www.E-mp.com.cn
电　　话：（010）51915602
印　　刷：唐山昊达印刷有限公司
经　　销：新华书店
开　　本：720mm×1000mm/16
印　　张：11.5
字　　数：207 千字
版　　次：2021 年 3 月第 1 版　　2021 年 3 月第 1 次印刷
书　　号：ISBN 978-7-5096-7828-2
定　　价：58.00 元

前　言

消费是人类满足生存和发展的基本经济活动之一。近年来，随着我国人均 GDP 的不断提高和人民生活的日益改善，消费升级逐渐成为社会各界广泛热议的话题。特别是在经济新常态背景下，伴随着经济增长速度放缓、经济结构亟待转型以及外部环境日趋复杂，中国经济未来发展的方向和路径发生了转变，从单纯追求经济增长速度向追求经济增长质量转变。进一步发挥消费对经济增长的基础性作用，进一步扩大服务性消费对消费结构升级的引领作用，以消费升级推动中国经济高质量发展，满足人们对美好生活的向往，已经成为当前及今后一段时期中国经济社会发展的重要议题。

国际产业结构演进的一般经验表明，经济结构由低附加值向高附加值转型，产业结构由工业向服务业转型，这是发展中国家迈向发达国家的必然趋势。经济增长和产业升级推动了消费结构转型升级，使其由商品消费向服务消费转变。服务消费是经济结构服务化的必然结果。

党的十八大明确指出，大力发展服务业，稳步释放服务消费的巨大潜力，将服务消费的增长作为扩大内需战略的重点；国家“十三五”规划进一步提出，着力扩大居民消费，引导消费朝着智能、绿色、健康、安全的方向转变，以扩大服务消费为重点带动消费结构升级。扩大服务消费是中国未来转变经济发展方式、满足人们对生活品质提升需求和增强幸福感的重要途径。

产业转型与消费升级总是离不开城镇化的推进。城镇化是一个宏观的、综合的历史发展过程。在城镇化推进过程中，收入、产业、社会保障等变化对居民消费需求有着错综复杂的影响。未来，随着新型城镇化战略的深入推进，捆绑在土地、户籍、社会保障等领域的制度约束会逐渐破除，这必将进一步释放出巨大的消费需求和投资需求，从而进一步实现消费结构升级和服务消费提升。

目　录

第一章 导论

第一节 研究背景

一、中国经济增长模式正在由投资出口拉动型向消费创新型转变

市场化改革以来，中国经济高速增长依赖于大量的物质资本投资，依赖于高投资建设，在短短30年内成功实现了工业化和城市化的跨越式发展。中国经济对投资的依赖度可以从“固定资产形成总额占当年GDP比重”和“出口额占当年GDP比重”两个指标来判断。1980～2015年，我国固定资产形成总额占当年GDP比重维持在25%～45%，同期，出口额占当年GDP比重平均保持在19%左右。①

在高投资、工业化、粗放型的增长模式下，我国经济结构中积累了很多问题。在面临着外部需求缩减的大背景下，国内日益积累的结构问题越来越严重。受到全球经济低迷和低端劳动密集型产业转移的国际宏观形势影响，近年来，我国出口增速明显放缓，外需萎缩对拉动经济增长产生了明显不利作用。从“资本形成总额对GDP拉动效应”和“货物服务净出口对GDP的拉动效应”两个指标来看，2010年以来，二者对GDP的拉动作用均呈现下降的趋势（见图1－1）。与之对应的是，资本形成总额对GDP的贡献率和货物服务净出口对GDP贡献率也呈现不断下降的趋势（见图1－2）。相比之下，最终消费支出对经济增长的拉

① 相关数据来源于《中国统计年鉴》(2018)。

动作用和贡献率却在不断上升中，有效支撑了经济基本面的稳定局面（见图1－1和图1－2）。

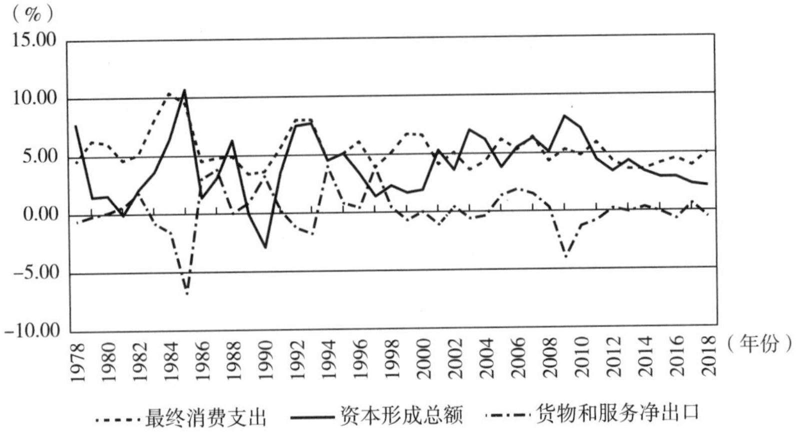

图1－1　最终消费支出、资本形成总额以及货物和服务净出口对GDP的拉动

资料来源：Wind咨讯相关数据整理。

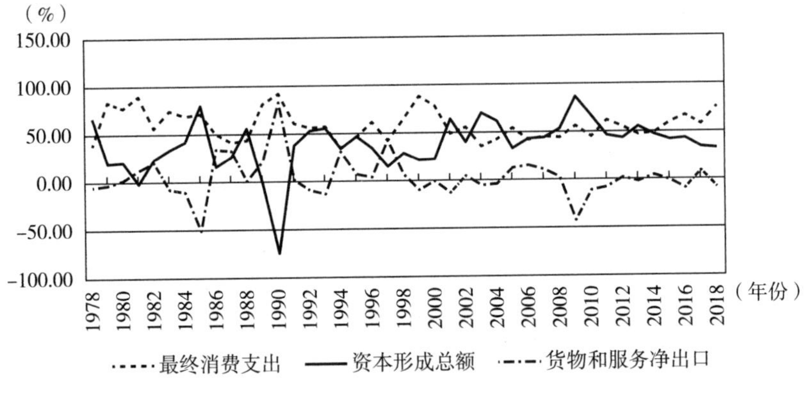

图1－2　最终消费支出、资本形成总额以及货物和服务净出口对GDP的贡献率

资料来源：Wind咨讯相关数据整理。

2010年以来，中国宏观经济开始缓慢下行，从高速增长期向中高速平稳增长期过渡，并全面进入新常态（见图1－3）。在新常态下，中国长期以来依赖的高投资、高出口的粗放型发展模式，不仅带来了高杠杆、产能过剩、效率损失等一系列经济金融风险，而且严重威胁了经济的可持续发展。面对这样的困境，中央政府提出了“供给侧改革”的顶层设计，明确提出“三去、一降、一补”的改革措施。供给侧改革重在结构调整，通过矫正要素配置扭曲，扩大有效供给，改善供给质量，更好地满足广大人民群众的需要。

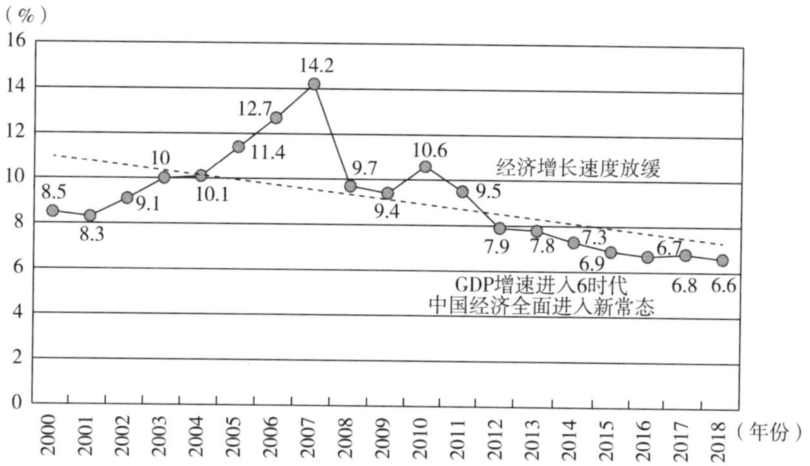

图 1-3 2000~2018 年中国 GDP 增速

资料来源：《中国统计年鉴》（2018）。

供给侧改革中提到的“补短板”是指针对供给不足导致的消费增长瓶颈问题，通过扩大有效供给，促进消费潜力的进一步释放。据统计，2018 年，我国消费品市场总量继续扩大，社会消费品零售总额实现 38 万亿元，网上实现零售额 9 万亿元。国内消费对经济增长的拉动作用进一步增强；2018 年，最终消费支出对经济增长的贡献率为 76.2%，比上年提高 18.6 个百分点，消费稳居经济增长的第一驱动力。

总的来看，中国增长模式正在由投资出口拉动型向消费创新型转变，消费对经济增长的拉动作用日益增强。扩大居民消费需求符合我国经济结构转型的客观规律，是稳结构、调增长的必要途径，也是实现供给侧改革的重要内容。

二、中国已从短缺经济社会进入丰裕的消费新时代

改革开放以来，随着收入水平的不断提高，中国城乡居民的消费有了明显的改善，已经从一个短缺经济社会进入了一个丰裕的消费新时代。[①] 这主要基于以

① 迟福林．消费新时代的发展逻辑与改革选择［N］．人民论坛·学术前沿，2019-01-30.

下四个方面的判断：

1. 消费规模增长迅猛，消费总量持续扩大

十余年来，我国消费需求增长迅猛，消费总量持续扩大。从消费品零售额指标来看，“十一五”时期，年均增长 18.1%；“十二五”时期，年均增长 13.8%；2008～2018 年，我国社会消费品零售总额由 11.5 万亿元提高到 2018 年的 38.1 万亿元，年均增长 2.66%。

2. 必需品和耐用品比重下降，服务消费比重稳步提升

城乡居民的消费结构升级主要体现在“食品支出比重、耐用消费品比重和服务消费比重”三个方面。第一，从食品支出占整个消费支出的比重来看，我国城镇居民家庭的恩格尔系数从 1978 年的 57.5% 下降到 2018 年的 27.7%，下降了近 30 个百分点，农村居民家庭的恩格尔系数从 1978 年的 67.7% 下降到 2018 年的 30.1%，下降了近 37 个百分点①。第二，耐用消费品在消费支出中的比重呈现最终下降的趋势。从城镇居民家庭耐用消费品在消费性支出中的变化来看，自 1995 年以来这一比例呈现先上升后下降的趋势（见图 1－4）。第三，服务性消费支出的快速上涨。根据国家统计局统计，2013 年中国居民人均生活用品及服务消费支出是 806 元，到 2017 年其支出上升到 1121 元。据估计，我国城镇居民的服务型消费比重到 2020 年将接近或达到 50%，消费结构正由物质型消费为主向服务型消费为主转型升级。②

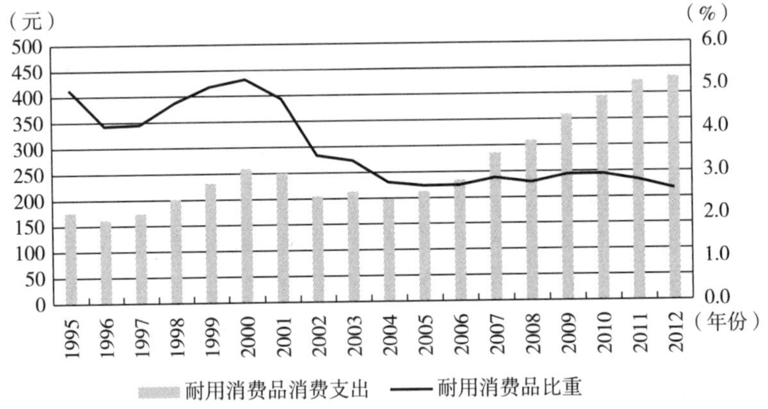

图 1－4　1995～2012 年中国城镇居民家庭耐用消费品支出

资料来源：Wind 资讯“中国宏观数据库”。

---

① 数据来源于 Wind 咨讯“中国宏观数据库”。

② 迟福林．消费新时代的发展逻辑与改革选择［N］．人民论坛·学术前沿，2019－01－30.

3. 中产阶级占据消费主体，成为消费升级重要驱动力

正在崛起的中产阶级是中国当前及今后一个时期消费的主力。据统计，2017年，我国中等收入群体大概有3.3亿人口，占总人口的30%；到2050年中等群体人口总量将达到9亿以上。可以说，我国拥有世界上人口最多的中等收入群体。我国中产阶级队伍不仅庞大，而且其消费水平已经初步接近有些发达国家中产阶层的消费水准。从消费意愿来看，中产阶级追求更高的生活品质，消费欲望更强；从消费行为来看，中产阶级愿意为高品质的产品和服务支付溢价；从消费能力来看，中产阶级的收入水平使其支付得起昂贵的奢侈品。因此，越来越多的消费欲望强、购买能力高的中产阶层成为推动消费升级的主力。

4. 新兴消费在崛起，服务消费内容不断丰富

近年来，以餐饮、旅游、文化和信息为代表的服务消费的迅速提高，代表了新兴消费的日益丰富。例如，2018年餐饮收入实现4万亿元，增速9.5%，高于商品零售增速0.6个百分点；就旅游消费规模来看，2018年我国国内旅游人数超过55亿人次，旅游总收入超过5万亿元，分别增长10.8%和12.3%；就文化消费规模来看，2018年内地票房超过600亿元，比上年增长约9%，内地城市院线观影人数超过17亿人次；[①] 就信息消费规模来看，2018年我国信息消费实现5万亿元，比上年增长11%，占GDP比例提升至6%，信息服务消费规模超过了信息产品消费。[②]

三、推动消费升级是经济高质量发展的必然要求

党的十九大报告中的《决胜全面建成小康社会　夺取新时代中国特色社会主义伟大胜利》提出主要论断，“中国特色社会主义进入新时代，我国社会主要矛盾已经转化为人民日益增长的美好生活需要和不平衡不充分的发展之间的矛盾”。在外部环境日趋严峻、复杂的情况下，国内一些长期存在的深层次结构性矛盾日趋显化。促进消费结构升级、推动消费品质提升是化解供给侧结构性矛盾和实现经济社会高质量发展的必然要求和必经路径。一方面，消费升级引导投资结构变化，使投资趋向于高技术、高端服务转变；另一方面，消费升级改善城乡居民的生活品质，改变城乡居民生活方式。消费升级带动产业升级和生活改善，进而推动技术进步和经济转型升级，最终实现经济高质量发展。

① 李琳．消费市场提质扩容消费结构优化升级［N］．中国信息报，2019-01-29.

② 新时代证券．消费是经济增长第一驱动力，服务型消费贡献经济发展［EB/OL］．［2019年1月26日］．http：//www.xsdzq.cn/.

第二节　研究意义

中国城镇化进程中一个突出的难题就是“双重二元结构”问题，即农村与城市、城市内部移民与市民的双重二元结构。如何从根本上消除长期制约我国城乡居民消费需求增长的“双重二元结构”是促进消费结构升级、扩大服务消费的核心和关键。党的十八大明确指出，把新型城镇化作为推进我国经济结构调整的重大战略举措。新型城镇化开启了以户籍制度为核心的一系列体制改革的大幕，为破解我国当前“双重二元结构”症结、释放最大内需潜力提供重要机遇，也是拉动新兴产业需求、推动消费结构升级的重要载体。因此，本书拟在新型城镇化背景下开展如何扩大城乡居民服务消费问题的研究，探讨新型城镇化驱动城乡居民服务消费需求的机制与路径，希冀通过对户籍、土地、社会保障、公共服务和产业等基础制度的现有不足之处进行剖析，提出可行的制度联动机制设想，对联动接口进行规范论证，为新时期扩大我国城乡居民服务消费需求的顶层设计改革贡献理论思路和方案。

第三节　研究目标、内容与方法

一、研究目标和主要内容

本书选择在新型城镇化背景下研究如何扩大城乡居民服务消费问题，侧重寻找新型城镇化的内涵与扩大服务消费的契合点，分别从宏观视角深入剖析中国城乡居民消费结构升级趋势和服务消费特征，从微观视角剖析中国城镇居民家庭服务消费行为特征，阐释城镇化、产业升级与服务消费之间的逻辑关系，从剖析制度障碍和设计制度联动思路角度，分析新型城镇化促进服务消费的联动效应，最后针对联动机制提出了一系列政策建议。

二、研究方法

综合采用文献分析、比较研究、实地调研、理论研究、实证分析等研究方法，遵循“文献回顾—分析城乡服务消费的现状和特点—考察评价城镇化对服务消费的驱动机制和效果—寻找并剖析制约并造成城乡服务消费差距的制度根源—探讨新型城镇化下城乡户籍、土地、就业、社保与产业制度的内在经济关系—制度联动的可行性分析—相关制度的衔接、联动思路和机制设计—提出政策建议”的基本思路，本书的研究框架如图 1－5 所示。

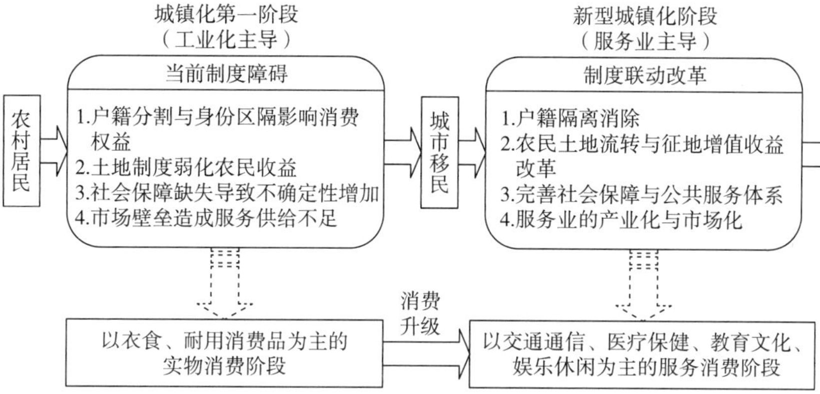

图 1－5 本书的研究框架

参考文献

［1］迟福林．消费新时代的发展逻辑与改革选择［N］．人民论坛·学术前沿，2019－01－30.

［2］何蓓蓓．广东省经济发展质量的因子聚类分析［D］．广州：暨南大学硕士学位论文，2018.

［3］李帅．中国城镇家庭金融资产配置对消费支出的影响研究［D］．镇江：江苏科技大学硕士学位论文，2018.

［4］李琳．消费市场提质扩容消费结构优化升级［N］．中国信息报，2019－01－29.

［5］新时代证券．消费是经济增长第一驱动力，服务型消费贡献经济发展［EB/OL］．2019－01－26. http：//www.xsd29.cn.

[6] 王华华．互联网时代农村党组织社会治理何以“取信于民”？——以“乡村振兴”样板的山联村为例［J］．重庆大学学报（社会科学版），2019（025）：195－206.

[7] 王平，王琴梅．新型城镇化驱动居民消费的效应机理与实证［J］．广东财经大学学报，2016（2）：67－76.

[8] 张颖熙，夏杰长．以服务消费引领消费结构升级：国际经验与中国选择［J］．北京工商大学学报（社会科学版），2017（11）：126－134.

[9] 赵永平．城镇化的经济效应：一个文献综述［J］．当代经济管理，2017（6）：50－54.

[10] 中国国际经济交流中心基金“消费升级问题研究”课题组．中国消费升级的新变化、存在问题及对策建议［C］．消费升级问题研究课题组中国经济分析与展望（2016～2017），2017：128－138.

第二章　文献综述

第一节　关于城镇化的研究
——经济学视角

在城市发展和增长理论中，城镇化始终处于一个模糊不清的位置。一方面，它被认为是低收入农村地区接触到现代化并逐渐发展为中、高等收入地区所必需的多维结构转化的基础；另一方面，城镇化也是一个经济与政策发展方向中研究相对较少的领域。从经济学角度研究城镇化问题主要有两个代表性理论：一是以刘易斯为代表的二元结构理论，二是区域发展不平衡理论。

一、刘易斯的二元结构理论

著名经济学家威廉·阿瑟·刘易斯早在1954年《劳动无限供给条件下的经济发展》一文中就提出了“二元结构理论”。该理论给出三个假设：假设1，发展中国家的“二元经济”可分为“传统农业部门和现代工业部门”；假设2，工资水平保持不变；假设3，传统农业部门中存在大量的剩余劳动力，劳动力因而长期处于无限供给的状态，并且转移出来的劳动力总能为现代工业部门所吸收。① 刘易斯认为劳动力流动分为两个阶段：第一个阶段是劳动力无限供给阶段，随着现代工业部门的扩张，农业部门的剩余劳动力源源不断地流到工业部门；第二个阶段是剩余劳动力转移完毕，工业部分工资上涨。② “二元经济”最

① 威廉·阿瑟·刘易斯．二元经济论［M］．施炜，等译．北京：北京经济学院出版社，1989.

② 陈永霞．城镇化建设的国际比较及对我国的启示［J］．商业时代，2013（32）：14－15.

终转变为“一元经济”，即“刘易斯拐点”到来。按照刘易斯的二元结构理论，工业发展吸引农村剩余劳动力转移，产业由农业转向工业，人口由农村向城市转移，由此带来城镇化率提高。

刘易斯模型隐含着有关需求和需求结构的变动问题。刘易斯认为，经济发展理论的中心问题是去理解由原先的储蓄和投资占不到国民收入的4%或5%结构，变成一个自愿储蓄增加到国民收入的12%～15%的经济过程。储蓄率（投资率）从4%或5%增加到12%、15%乃至20%，消费率从95%、96%降低到85%或80%。由此看来，这个中心问题既是投资率（储蓄率）提高的过程，又是消费率下降的过程，也是需求增长中结构的变动过程。①

二、“拉尼斯—费景汉”模型（Ranis－Fei Model）

二元结构理论为发展中国家的城镇化发展提供了一定的理论依据，但该理论仍存在着不足。一方面，它没有足够重视农业在促进工业增长中的作用；另一方面，它没有注意到农业生产率提高，而农业剩余是农业劳动力流入工业部门的先决条件。②“拉尼斯—费景汉”模型是对刘易斯二元结构模型的补充和完善③④，把劳动力向工业部门转移分为三个阶段⑤：第一阶段是刘易斯二元结构模型；第二阶段是工业部门吸收了农业部门的劳动力，劳动力转移导致农业部门的萎缩，农产品供给短缺，农业部门工资开始上涨；第三阶段是完成了对二元经济的改造，经济结构从传统农业向现代农业转变。⑥⑦ 农业和工业的工资都由其边际生产力决定，农业与工业间的劳动力流动取决于边际生产力的变化。改进后的模型可以更好地解释二元经济发展中工农业平衡增长的重要性及农业劳动生产率提高促进劳动力向工业转移等问题。⑧

刘易斯“二元结构”理论也可以理解为一种“推动力”理论，即农村人口

---

① 刘艺容．消费增长与城市化互动关系研究——基于消费集聚的视角［M］．长沙：湖南人民出版社，2008.

② 赵正吉．农村剩余劳动力转移的循环流动模型［D］．北京：中国人民大学硕士学位论文，2008.

③ 郭剑雄．农业人力资本转移条件下的二元经济发展——刘易斯—费景汉—拉尼斯模型的扩展研究［J］．陕西师范大学学报（哲学社会科学版），2009（1）．

④ 拉尼斯—费景汉理论［EB/OL］．商业评论百科，http：//wiki. ebusines.

⑤ 倪丹容．中国二元经济的历史逻辑和结构刚性［J］．经济问题探索，2004（3）．

⑥ 周树平．劳动力的无限供给与农民工短缺［J］．人口与经济，2016（4）．

⑦ 王勇胜．农村劳动力流动路径分析［D］．杨凌：西北农林科技大学硕士学位论文，2007.

⑧ 吴新博．我国二元经济结构的特征、测度及对策［J］．华中师范大学学报（人文社会科学版），2008（11）．

的快速增加导致了可耕农地出现短缺，从而“推动”劳动力向城镇转移。“推动力”理论认为，农村劳动力过剩，向城市转移是城镇化的核心动力和特征。[①] 事实上，农村劳动力转移到城市未必一定伴随着规模经济，还有一种劳动力生产率提高效应。例如，工业部门的劳动生产率高于农业部门，劳动力由生产率低的部门转向生产率高的部门，整个社会的劳动生产率提高。规模效应叠加劳动力生产率提升，农村人口向城市的转移实现了产出的增加和经济的发展。但这两种效应并非一直都能存在，城市工业部门可能无法及时、全部地吸收所有的进城劳动力（如出现大范围的贫民窟），参与就业的人数没有增长，反而产生一系列的社会成本。这一过程进行到某一阶段，工业部门和农业部门的劳动生产逐渐追平，劳动生产率的大幅提升也不再容易。[②]

三、区域发展不平衡理论

区域发展不平衡理论（也叫增长极理论）是由法国经济学家弗朗索瓦·佩鲁于20世纪50年代提出的，后经法国经济学家布代维尔、美国经济学家赫希曼等补充修订。该理论假设生产要素自由流动，认为国家经济发展分为起飞阶段、放缓阶段和成熟阶段三个阶段。在起飞阶段，经济发展带来区域间差距扩大，欠发达地区劳动力向发达地区转移，带动了城市化；在放缓阶段，经济增长速度放慢使得劳动力转移和城市化进程减缓；在成熟阶段，区域差异逐步缩小，区域经济增长呈均衡趋势。在实现高度城市化的同时，交通拥挤、环境问题等“城市病”变得越来越严重，一部分劳动力再次回到农村，即出现“逆城市化”现象。[③]

区域发展不平衡框架下涉及了一个重要问题的讨论，即产业集群与城镇化的“协同效应”。产业集群是在某个区域由产业链上分工协作的众多企业形成的。一方面，它吸引了产业链上下游的劳动力，带来人口集聚；另一方面，它也为配套的零售商业、餐饮业和交通运输业提供了就业岗位，带动产业集聚。产业集聚和人口集聚拉动了城镇的发展，提高了城镇化效率。同时，产业集聚还能提高城镇区域产业竞争力。产业集群内的“协同效应”和“知识外溢”使得产业链上的各企业都能受益。企业的发展吸引了更高层次的劳动力，从而进一步提高城镇

① 陈永霞．城镇化建设的国际比较及对我国的启示［J］．商业时代，2013（32）：14－15.

② 财通证券．从国际比较角度看新型城镇化（上）［EB/OL］．［2013－06－25］．www.hibor.com.cn/docdetail_ 1051656.html.

③ 赫希曼．经济发展战略［M］．曹征海，潘照东，译．北京：经济科学出版社，1992.

化的质量。

从根本上说，区域发展不平衡理论及产业集群的论述强调的是工业化发展如何促进城镇化，将农民“拉”到城里生活。首先，工业化发展会带来生产要素（包括能源、原材料和劳动力）的集中。工业生产是一种具有高度协作性的共同劳动，需要生产资料和劳动在一定地域集中。在交通不发达的情况下，生产的集中必然会带来居住的集中，从而加速了城镇化的进程。其次，工业发展使人们的生活方式发生变化，而这种变化又反过来进一步推动工业化的进程。国外的学者钱纳里和塞尔奎因将工业化和城市化关系的互动模式概括为：随着人均收入水平的上升，工业化演进推动产业结构转型，带动城市化水平的提高。与之相适应的非农就业人口向城市集聚，推动了城市化进程。①

第二节　关于消费增长的理论和实证研究

一、有关消费的经典理论

影响居民消费的因素很多，这些因素包括收入、财富（资产）、物价、利率、流动性约束、人口结构等。以往经济学家们对消费和消费结构升级一直都非常关注，并逐渐发展出以凯恩斯为代表的绝对收入假说、以杜森贝利为代表的相对收入假说、以弗里德曼为代表的持久收入假说和以莫迪利安尼为代表的生命周期理论四大代表性理论。

1. 绝对收入假说

收入是影响消费的主要因素之一。凯恩斯最早明确地提出了“绝对收入假说”。凯恩斯认为，人有八个主观因素和六个客观因素影响消费。其中主观因素包括谨慎、远虑、改善、计算、独立、投机、自豪、贪婪；客观因素包括工资、收入、价格、利率、预期及社会保障等变化。② 在凯恩斯看来，只有收入能够在短期内影响消费。凯恩斯绝对收入假说中提出了著名的“消费倾向递减规律”，即消费总量会随着收入的增长而增长，但消费在收入中所占的比例却在不断减少。凯恩斯的“绝对收入假说”遭到了西蒙·库兹涅茨的质疑。库兹涅茨对美

① 黄群慧. 中国城市化和工业化的协调发展问题分析［J］. 学习与探索，2011（4）.

② Keynes J M. The General Theory of Employment，Interest and Money［M］. London：Macmillan，1936.

国 1869～1938 年的收入与消费统计数据进行实证研究发现，美国在长达 70 年的时间里国民收入从 93 亿美元上升至 720 亿美元，增加了近 7 倍，但人们的消费与收入的比率始终维持在 0.84～0.89，这明显否定了凯恩斯绝对收入假说。[①] 后来戈德史密斯利用个人收入数据进一步研究也发现平均消费倾向是长期稳定的。[②]

2. 相对收入假说

杜森贝利从消费的示范效应和棘轮效应两方面解释了长期消费函数和短期消费函数的矛盾。[③] 他认为，在短期内，消费容易受经济周期波动的影响而偏离一定的比例，但由于长期受示范效应和棘轮效应影响，消费和收入之间会维持一个稳定的关系。[④] 杜森贝利的观点在大萧条时期得到了验证。因为大经济不景气时期，很多家庭的消费支出都超过了当年的收入。因此，相对收入假说的核心思想是消费随着经济周期的变化而变化。

3. 持久收入假说

密尔顿·弗里德曼从持久收入—持久消费与暂时收入—暂时消费关系角度，重新解释了收入和消费之间的长期均衡和短期关系。[⑤] 按照持久收入假说，持久收入与持久消费之间存在长期稳定的关系，短暂的波动长期内都会正负抵消，二者之间的稳定关系不受任何经济变量的绝对影响。[⑥]

4. 生命周期理论

弗兰克·莫迪利安尼认为消费者总是希望实现收入—消费最优分配，进而获得效应最大化。按照边际效用递减规律，消费者要在一生中获得总效用最大化，他应该选择一个与过去平均消费水平接近且稳定的消费率。个人当前消费取决于个人当前收入、预期收入、初始资产和年龄。生命周期理论的核心思想是，在其他条件不变的情况下，个人收入与资产存量越大，储蓄就会越少，消费就会

① 西蒙·库兹涅茨．各国的经济增长［M］．常勋，等译．北京：商务印书馆，1999.

② 戈德史密斯．金融结构与金融发展［M］．上海：上海三联书店，1990.

③ 黄群慧．中国城市化和工业化的协调发展问题分析［J］．学习与探索，2011（4）：216－218.

④ Duesenberg J S. Income Saving and the Theory of Consumer Behavior［M］. Cambridge, Mass: Harvard University Press, 1949.

⑤ Friedman M. A Theory of the Consumption Function, Princeton［M］. Princeton: Princeton University Press, 1957.

⑥ 左正强，刘耀森．凯恩斯后消费函数理论的发展评述［J］．晋阳学刊，2004（6）：41－44.

越多。①

二、基于生命周期理论的几个研究热点

1. 财富效应与消费

在生命周期理论框架中，财富代表永久性收入，是影响居民消费的主要因素（Friedman，1957；Ando & Modigliani，1963）。莫迪利安尼最早在 1954 年提出了基于生命周期理论的财富效应，家庭消费行为主要受持久收入影响，为稳定消费水平，获得效用最大化，家庭要擅长利用整个生命周期积累资产和财富。② 所谓“财富效应”是指，家庭拥有的资产，享受资产溢价带来的财富网升值，从而导致消费水平提高。财富效应问题的争论已经超过半个世纪。其理论发展过程以 1990 年为分界点，划分为两个阶段：第一阶段是以生命周期理论为基础，把资产引入到对消费影响因素的分析中；第二阶段是对各种资产的财富效应进行分类研究，有代表性的是金融资产和住房资产，这两大类资产。例如，Ling 和 Josephp（2005）从财富效应视角解释了当前股市回报同未来消费存在正向关系的原因。③ 然而有的研究却认为，不是股票的回报而是股市的波动造成的不确定性效用才是对消费产生影响的核心要素（Romer，1990；Pindyck，1991；Bittlingmayer，1988）。在不动产与消费研究方面，John D. Benjamin 等（2004）以美国 1952 年第一季度到 2001 年第四季度数据为样本，估计了美国不动产和金融资产对消费的影响差异。其研究发现，不动产增长 1 美元能够使消费增加 8 美分，而金融资产增加 1 美元只能使消费增加 2 美分。金融资产的财富效应要小于不动产。④

传统消费理论强调的是代表性消费者一致性，但近几年的研究中开始关注消费者的异质性问题，并且很多都在异质性消费者的分析框架下展开，并发现资产的性质与结构差异有可能使消费者遵循不同的消费路径。例如，当消费者持有高流动性资产较少时，更易受到流动性约束，暂时性收入冲击下的边际消费倾向显

---

① Modigliani F, Bromberg R. Utility Analysis and the Consumption Function: An Interpretation of Cross – Section Data [M] //Kuritara K K. Post – Keynesian Economics. New Brunswick, N. J.: Butgers University Press, 1954: 388 – 436.

② 左正强，刘耀森. 凯恩斯后消费函数理论的发展评述［J］. 晋阳学刊，2004（6）：41 – 44.

③ He L T., Mcgarrity J. A Reexamination of the Wealth Effect and Uncertainty Effect [J]. International Advances in Economics Research, 2005 (11): 379 – 398.

④ Benjamin J D, Chinloy P, Jud G D. Real Estate Versus Financial Wealth in Consumption [J]. Journal of Real Estate Finance and Econometrica, 2004 (3): 341 – 354.

著为正（Kaplan & Violante, 2014;[①] Carroll et al. , 2014;[②] Jappelli & Pistaferri, 2014[③]）。近期文献的研究强调资产流动性，这为消费决策受到当期收入影响的“消费者”产生的内在机制提供了一种新的解释。[④] 例如，Kaplan 等（2014）将拥有高流动性资产消费者和拥有低流动性资产消费者加以区别，并根据低流动性资产净值将后一类消费者细分为贫穷型和富裕型。[⑤] 低流动性资产尽管在短期内抑制了消费平滑的能力，但由于其收益性较高，使其在长期有助于提高消费水平，从而进一步验证了流动性资产（如住房资产）的财富效应（Campbell & Cocco, 2007）。[⑥]

对于财富效应与消费的关系问题，我国学者也做了大量的实证研究。例如，黄静和屠梅曾（2009）研究发现，住房资产的财富效应非常显著，但房改后住房资产对消费的弹性系数反而有所降低[⑦]；张大永和曹红（2012）的研究指出，住房资产的财富效应大于金融资产；陈斌开和杨汝岱（2013）认为，房价上涨抑制了居民消费，并且对收入水平低、没有住房或住房面积较小的家庭、青年家庭和老年家庭的影响较大。[⑧] 石永珍和王子成（2017）利用中国家庭追踪调查（CFPS）的面板数据实证分析发现，房价上涨驱动的住房资产升值抑制了居民消费，尤其是挤出了基本生活需求型消费。[⑨] 臧旭恒和张欣（2018）结合家庭“住房资产占总资产比重高与需求刚性较强”的典型事实，从资产流动性和住房资产需求

---

① Kaplan G. , Violante G L. A Model of the Consumption Response to Fiscal Stimulus Payments [J] . Econometrica, 2014, 82 (4): 1199 - 1239.

② Carroll C D, Slacalek J, Tokuoka K. The Distribution of Wealth and the MPC: Implications of New European Data [J] . American Economic Review, 2014, 104 (5): 107 - 111.

③ Jappelli T, Pistaferri L. Fiscal Policy and MPC Heterogeneity [J] . American Economic Journal: Macroeconomics, 2014, 6 (4): 107 - 136.

④ 臧旭恒，张欣．中国家庭资产配置与异质性消费者行为分析［J］．经济研究，2018（3）：23 - 26。

⑤ Kaplan G, Violante G L, Weidner J. The Wealthy Hand - to - Mouth [C] . Brookings Papers On Economic Activity, 2014, 77 - 138.

⑥ Campbell J Y, Cocco J F. How Do House Prices Affect Consumption? Evidence from Micro Data [J] . Journal of Monetary Economy, 2007, 54 (3): 591 - 621.

⑦ 黄静，屠梅曾．房地产财富与消费：来自于家庭微观调查数据的证据［J］．管理世界，2009（7）：35 - 45.

⑧ 张大永，曹红．家庭财富与消费：基于微观调查数据的分析［J］．经济研究，2012（S1）：53 - 65.

⑨ 石永珍，王子成．住房资产、财富效应与城镇居民消费——基于家户追踪调查数据的实证分析［J］．经济社会体制比较，2017（6）：76 - 84.

角度解释了中国居民消费需求相对不足的原因。①

2. 预防性储蓄与消费

预防性储蓄是指因收入波动带来的不确定性，消费者为预防这种不确定性而主动减少消费、增加储蓄。该理论的创始人 Leland（1968）在凸性边际效用函数的假设下提出，未来风险越大，消费的边际效用越大，消费者越倾向多储蓄而积累更多财富用于将来的消费。这部分多余的储蓄就是预防性储蓄。② 在相同的假设下，Kimball（1990）用谨慎系数这一定量指标来表征不同行为人对风险的不同反应，即预防性储蓄动机强度。③ Dynan（1993）推导出了用于测算预防性储蓄动机的理论模型，从而拓宽了预防性储蓄的研究渠道。④

国内外学者基于这一框架，对居民预防性储蓄展开广泛而深入的研究。例如 Carroll（1998）的研究发现，美国居民家庭财富中有约 40% 的比例为预防性储蓄。国内学者对预防性储蓄问题也做了大量的研究。⑤ 国内学者最初从不确定性角度开展了对居民预防性储蓄影响的相关研究，侧重考察居民家庭的预防性储蓄动机（龙志和和周浩明，2000⑥；施建淮和朱海婷，2004⑦；易行健等，2008⑧）。除此之外，有学者认为流动性约束也是我国经济转型时期影响居民消费行为的重要因素（臧旭恒和裴春霞，2007⑨；高梦滔等，2008⑩；万广华等，2001⑪）。近年来，对于预防性储蓄及其影响因素的探讨越来越深入，例如，有些研究在预防

① 臧旭恒，张欣．中国家庭资产配置与异质性消费者行为分析［J］．经济研究，2018（3）：21－34.

② Leland H E. Saving and Uncertainty：The Precautionary Demand for Saving［J］. Quarterly Journal of Economics，1968，82：465－473.

③ Kimball M S. Precautionary Saving in the Small and in the Large［J］. Econometrics，1990，58（1）：53－73.

④ Dynan K E. How Prudent are Consumers?［J］. Journal of Political Economy，1993，101（6）：1104－1113.

⑤ Corroll C. Why Do the Rich Save Much?［R］. NBER Working Paper Series，1998.

⑥ 龙志和，周浩明．中国城镇居民预防性储蓄实证研究［J］．经济研究，2000（11）：33－79.

⑦ 施建淮，朱海婷．中国城市居民预防性储蓄及预防性动机强度：1999－2003［J］．经济研究，2004（10）：64－74.

⑧ 易行健，王俊海，易君健．预防性储蓄动机强度的时序变化与地区差异——基于中国农村居民的实证研究［J］．经济研究，2008（2）：119－131.

⑨ 臧旭恒，裴春霞．转轨时期中国城乡居民消费行为比较研究［J］．数量经济与技术经济研究，2007（1）：65－69.

⑩ 高梦滔，毕岚岚，师慧丽．持久收入与农户储蓄：基于八省微观面板数据的经验研究［J］. 2008（4）：48－55.

⑪ 万广华，张茵，牛建高．流动性约束、不确定性与中国居民消费［J］．经济研究，2001（11）：35－44＋94。

性储蓄行为分析中引入了消费习惯（艾春荣和汪伟，2008[①]；雷钦礼，2009[②]）。杭斌和郭香俊（2009）把习惯形成引入缓冲存货理论，受到习惯影响的消费行为可以归类为谨慎消费行为。[③] 张安全和凌晨（2015）通过实证分析发现，受城乡输入差距和社保程度差距，农村居民的预防性储蓄动机强于城镇居民。[④] 除了引入习惯因素外，还有学者考察了收入和资产波动对预防性储蓄的影响。例如王策和周博（2016）的研究证明，收入、房价的不确定性及其交互效应以及居民对于不确定性的敏感程度是预防性储蓄的来源。[⑤]

3. 社会保障与消费

社会保障体系能够降低和分散社会成员所面临的风险，因而具有保险的功能。如养老社会保险可以分散居民生命周期或寿命不确定性风险；医疗保险可以分散居民疾病风险；失业保险可以分散居民就业和基本生活负担风险。社会保障对居民消费和储蓄行为的影响存在一个收入分配效应。社会保障通过调节社会各阶层居民的收入分配能影响到居民收入和对未来不确定的风险预期。Blinder（1975）利用美国 1949～1972 年数据实证分析发现，收入分配对消费的影响是不确定的。[⑥] Musgrove（1980）的跨国实证研究发现，只有高收入国家组具有较强的收入分配效应。[⑦]

除了收入分配效应外，社会保障对居民消费还可能存在资产替代效应和引致退休效应。[⑧] Feldstein（1996）结合美国的数据实证分析认为，社会保障提高有助于减少储蓄，增加消费。美国现收现付制（PAYG）养老模式下的资产替代效应大于引致退休效应从而导致储蓄减少。[⑨] 国内既有研究成果揭示了社会保障对

① 艾春荣，汪伟．习惯偏好下的中国居民消费的过度敏感性——基于 1995～2005 年省际动态面板数据的分析［J］．数量经济与技术经济研究，2008（11）：98－107.

② 雷钦礼．财富积累、习惯、偏好改变、不确定性与家庭消费决策［J］．经济学季刊，2009（3）：1029－1038.

③ 杭斌，郭香俊．基于习惯形成的预防性储蓄——中国城镇居民消费行为的实证分析［J］．统计研究，2009（3）：38－43.

④ 张安全，凌晨．习惯形成下中国城乡居民预防性储蓄研究［J］．统计研究，2015（2）：23－30.

⑤ 王策，周博．房价上涨、涟漪效应与预防性储蓄［J］．经济学动态，2016（8）：71－81.

⑥ Blinder A. Distribution Effects and the Aggregate Consumption Function［J］. Journal of Political Economy, 1975, 87: 608－626.

⑦ Musgrove P. Income Distribution and the Aggregate Consumption Function［J］. Journal of Political Economy, 1980, 88（3）: 504－525.

⑧ 魏勇，杨刚，杨孟禹．城镇居民消费升级特征与动因研判——基于空间溢出视角的实证研究［J］．经济问题探索，2017（1）：51－63.

⑨ Feldstein M. Social Security and Saving: New Time Series Evidence［J］. National Tax Journal, 1996, 49（2）: 151－164.

居民消费的影响，但结论存在争议。刘畅（2008）认为政府社会保障支出的增加可以改善居民消费预期、刺激居民消费需求。[①] 刘新等（2010）实证发现财政社会保障支出对消费没有必然影响，社会保障支出从某种程度上挤出了消费。[②] 白重恩等（2012）根据微观调查数据发现，养老金缴费率增加1%将挤出居民生活消费2.58%。[③] 李珍和赵青（2015）实证发现，养老保障水平和覆盖率对消费有弱挤出效应，社会养老保险替代率对居民消费的影响并不显著。[④] 魏勇（2017）的研究发现，社会保障支出对不同收入群体的消费影响是有差异的，即政府社会保障支出对中高收入城镇居民的消费升级效应明显，但对低收入居民消费升级的影响不显著；个人社会保障支出对高收入城镇居民消费升级具有促进作用，而对中低收入居民消费升级形成抑制。他的研究认为，随着居民收入水平的提高，社会保障对城镇居民消费升级的影响将从抑制跃迁为促进。[⑤]

第三节　关于城镇化与消费增长的研究

城镇化过程是一个人口由农村向城镇集聚、乡村变城镇、农民变市民的逐渐转移、转化的过程。城镇化是一个宏观、综合的历史发展过程，其中包含人口、经济、社会、文化等各种要素，并对居民消费产生了复杂的影响。国内外学者对城镇化和消费（消费升级）的理论机制和实证层面做了大量的研究。

一、理论研究

1. “二元经济结构理论”与消费

前文提到，刘易斯在其《无限劳动供给下的经济发展》一文中提出了二元经济结构理论，后续经济家拉尼斯和费景汉、乔根森和托达罗做了进一步的研

---

① 刘畅. 社会保障水平对居民消费影响的实证分析［J］. 消费经济，2008（3）：75－77.

② 刘新，刘伟，胡宝娣. 社会保障支出、不确定性与居民消费效应［J］. 江西财经大学学报，2010（4）：49－55.

③ 白重恩，吴斌珍，金烨. 中国养老保险缴费对消费和储蓄的影响［J］. 中国社会科学，2012（8）：48－71.

④ 李珍，赵青. 我国城镇养老保险制度挤进了居民消费吗？——基于城镇的时间序列和面板数据分析［J］. 公共管理学报，2015（10）：102－110.

⑤ 魏勇. 社会保障、收入门槛与城镇居民消费升级［J］. 社会保障评论，2017（4）：21－26.

究。"二元经济结构"理论认为，农村人口向城市转移的过程中扩大了整个社会的需求水平。

刘易斯的二元经济结构理论不仅解释了经济发展过程中流动力转移问题，而且阐释了经济增长与人口流动、工业化与城市化的结合问题，这对认识城镇化过程中收入增加、居民费用增加及由此引发的消费增加具有重要的理论价值。拉尼斯和费景汉强调农业生产率提高的推动作用，认为农业生产率提高使农村剩余劳动力增加，农村剩余劳动力的流出是工业化与城镇化的重要基础。[①] 乔根森认为，消费需求拉动是农业剩余劳动力向非农部门流动和转移的根本原因，更强调消费结构对经济发展的根本性驱动。在经济发展过程中，农业剩余劳动力之所以持续向工业部门转移，是因为人们对农产品需求是有限的，对工业品需求是无限的。乔根森的理论说明人们对工业品消费需求是无限的，这正是工业化的动力，也是城镇化过程消费必然扩张的结果。[②] 托达罗强调了收入预期对人口流动的影响。城镇居民收入高于农村居民收入，农村居民向城市流入的过程即城镇化过程，随着城镇人口的增加，全社会居民整体收入会增加，消费必然也会增加。[③④]

2. 经济增长阶段理论

一个国家或地区从低收入向高收入迈进的过程中，经济结构演变呈现先由农业经济转向工业经济，然后向服务业经济变动的经济格局，而城镇化与这种经济结构的演变格局息息相关。

在现代经济增长理论框架下，随着经济发展和人均 GDP 的提高，产业结构的演变趋势是农业—工业（制造业）—服务业。农业部门和制造业部门比重逐渐下降，服务业最终成为主导性部门。从最终需求结构变动来看，居民消费结构从食物与衣服等必需品转变到耐用消费品，最后是健康、教育、旅游娱乐等服务消费的增加。[⑤]

罗斯托的经济增长阶段理论对不同发展阶段的投资、消费及其在国民收入中的比重变化进行了描述：首先，在传统社会和起飞前阶段，消费占据主导地位，储蓄和投资很少；其次，进入起飞阶段，投资和工业开始扩张，投资率上涨，国

① 温涛，王汉杰，韩佳丽，等．城镇化有效驱动了居民消费吗？——兼论人口城镇化与空间城镇化效应［J］．中国行政管理，2017（10）：92－99.

② 王平．新型城镇化驱动居民消费的效应研究［D］．西安：陕西师范大学博士学位论文，2018.

③ 托达罗．第三世界的经济发展［M］．于同申，等译．北京：中国人民大学出版社，1988.

④ 赵正吉．农村剩余劳动力转移的循环流动模型［D］．北京：中国人民大学硕士学位论文，2008.

⑤ 西蒙·库兹涅茨．现代经济增长：速度、结构与特征［M］．戴睿，等译．北京：北京经济学院出版社，1989：1－62.

民收入的10% ~20%用于投资；再次，进入到与高储蓄率、高投资率相伴的成熟阶段；最后，在大众消费阶段，耐用消费品普及，消费占国民收入的比重上升，投资比重下降。①②

钱纳里依据人均GDP水平，将经济结构演变过程划分为初级产业、中期产业和后期产业三个时期，以及不发达经济阶段、工业化初期阶段、工业化中期阶段、工业化后期阶段、后工业社会和现代化社会六个阶段。钱纳里的经济发展阶段论认为，任何一个发展阶段向更高一个阶段的跃进都是通过产业结构转化来推动的。概括来说，经济发展结构主要经历从农业到工业，再到服务业的产业升级过程，相应的消费结构从以食品消费为主向耐用消费品，再到服务产品的升级过程。除此之外，钱纳里还对经济发展水平与消费的关系做了定量的描述。根据钱纳里的测算，消费率在人均GDP从100美元上升到1000美元的过程中会逐渐下降；但在人均GDP高于1000美元后开始上升。③

丹尼尔·贝尔（1985）认为，进入后工业社会，经济结构将从商品生产经济转向服务型经济。经济越发达，人们用于食物的支出将越少，用于耐用消费品和服务方面的开支将越来越多。④

Chesire（1995）基于多国经验概括了城镇化与经济增长、发展阶段和结构变动的同步关联性：在工业化初期，城镇人口开始向工业区集中；在工业化中期，形成了一定规模的工业人口集中区；在工业化后期，工业化和城镇化推进速度放慢，部分城镇甚至出现人口负增长；在后工业时期，城镇化成熟，新技术带来新的产业模式。⑤ 在这一结构调整进程中，国家的发展和繁荣需要新的产业的坚实基础，企业发展需要有新产品和新工艺等科学技术，人们需要美好的工作和生活场所，所有这些催生出了对服务产业和服务消费的需求不断提升。⑥

3. 城市区位理论模型

城市区位理论的代表人物包括冯·杜能（J. H. Von Thunen，1826）的农业

---

① Rostow W W. Stages of Economic Growth：A Non－Communist Manifesto［M］. Cambridge：Cambridge University Press，1960.

② 李通屏，成金华. 城市化驱动投资与消费效应研究［J］. 中国人口科学，2005（10）：65－69.

③ H. 钱纳里，等. 发展的型式1950－1970（中译本）［M］. 李新华，等译. 北京：经济科学出版社，1988.

④ 丹尼尔·贝尔. 后工业社会［M］. 彭强，译. 北京：科学普及出版社，1985：40－66.

⑤ 张晓波. 中国城镇化与扩大消费增长一个结构主义视角的分析［J］. 经济问题，2014（2）：40－45.

⑥ Cheshire. A New Phase of Urban Development in Western Europe［J］. The Evidence for the 1980s. Urban Studies，1995，32（7）：1045－1063.

区位论[①]、韦伯（A. Weber，1909）的工业区位论[②]和克里斯塔勒（Walter Christaller，1939）的中心地理论[③]。区位理论认为城市是生产要素在空间的集聚，城镇的集聚可以产生更大社会经济效益，即外部效应，如需求关联和成本关联的循环累积因果效应、劳动力市场的共享效应和知识技术的外溢效应等。城市化会通过“集聚效应”和“规模效应”促进需求扩张和经济增长。

新经济地理学强调城市生产生活空间地理集中会通过节约运输成本促使产业集中。产业集中和进步使产业结构不断高级化，从而带来人口集聚和收入提高，激发了对各种消费品的需求。[④]

二、传导机制

在上述理论研究的基础上，国内外学者就城镇化影响消费的传导机制做了大量的探讨。概括起来，包括城镇化加快发展带来的收入效应、集聚效应、规模效应和示范效应等。[⑤⑥]

Duesenberry（1949）最早将习惯因素引入消费影响模型中，他认为，消费决策会同时受到内部消费习惯和外部消费习惯的影响，即消费存在棘轮效应和示范效应。[⑦] Deaton（1992）认为消费品的耐用性使得消费习惯对消费的影响越来越重要。[⑧] Seckin（2000）认为习惯因素使预防性储蓄下降，从而解释了消费在过度平滑、过度敏感及低利率下仍然增长的现象。[⑨] 库茨涅茨（1999）在研究城市化对消费的促进关系时提到，城市化会因示范效应和对新产品的近距离接触造成的敏感使得消费支出上升。[⑩]

我国学者从消费习惯出发，也得出不少研究成果。崔海燕和范纪珍（2011）

① 杜能．孤立国同农业和国民经济的关系［M］．吴衡康，译．北京：商务印书馆，1986.

② 阿尔弗雷德·韦伯．工业区位论［M］．李刚剑，译．北京：商务印书馆，2010.

③ 沃尔特·克里斯托塔勒．德国南部中心地原理［M］．常正文，王兴中，译．北京：商务印书馆，2010.

④ Krugman P. Increasing Returns and Economic Geography［J］. Journal of Political Economy，1991（99）：183－199.

⑤ 易行健，吴庆源，杨碧云．中国城市化进程中城乡分项消费的联动机制——基于混合均组方法的实证检验［J］．上海经济研究，2012（10）：65－76.

⑥ 李通屏，成金华．城市化驱动投资与消费效应研究［J］．中国人口科学，2005（10）：65－69.

⑦ 易行健，吴庆源，杨碧云．收入差距与消费行为的城乡示范效应——基于我国省际面板数据的实证研究［J］．上海财经大学学报，2012（10）：65－76.

⑧ Deaton A，Understanding Consumption［M］. Oxford：Clarendon Press，1992.

⑨ Seckin A. Consumption with Habit Formation［R］. CIRANO Working Papers，2000.

⑩ 西蒙·库兹涅茨．各国的经济增长［M］．常勋，译．北京：商务印书馆，1999.

利用1997~2009年住户调查数据实证发现，一方面，中国农村居民的消费表现棘轮效应，另一方面，城镇居民的消费行为对农村居民具有示范效应。闫新华和杭斌（2010）采用面板数据实证认为，城镇消费水平对农村具有示范效应主要体现在交通通信、教育文化娱乐服务及医疗保健支出上。杭斌（2009）的实证结果表明，习惯形成与收入不确定性均对消费水平具有显著影响。雷钦礼（2009）研究发现，消费习惯和预防性储蓄动机都是影响我国农村居民家庭的消费与储蓄决策的重要因素。

Fujita等（2000）[①] 和Venables（1996）[②] 的研究发现，人口和经济活动的地理集中会通过循环因果效应、共享效应和技术外溢而产生积极效应，从而带来需求扩张和经济增长。由此可见，城镇化不仅带来了更多的收入来源，同时也传播了城市的生活方式，产生示范效应，从而影响农村居民的消费决策。

农民工作为中国特殊的迁移型劳动力，长期在城市的工作和生活，无形中改变了他们固有的消费习惯。[③] 国内学者从示范效应角度研究城镇化对消费影响机制的实证研究很多。例如，周建和杨秀祯（2009）构建了一个城镇示范性效应影响模型来研究农村消费的城乡联动机制。农村消费行为中的预防性储蓄动机效应和攀附效应可以通过城乡联动机制表现出来。城镇示范性效应机制是有效启动农村消费的重要途径和措施。[④] 易行健等（2012）的面板数据，采用PMG（混合均组估计）方法对城市化过程中农村分项消费进行了实证分析后发现，城市化进程中的示范效应主要通过交通通信支出以及医疗保健支出起作用，食品、家庭设备用品及服务、文教、娱乐用品及服务也同样存在示范效应，而居住支出以及衣着支出的城乡联动机制不明显。[⑤]

除了消费习惯、示范效应，国内学者还从其他视角研究了城镇化对消费的传导机制。例如，万勇（2012）将城市化驱动居民消费需求的作用分为结构效应、

---

① Fujita M, Krugman P, Venables A. The Spatial Economy [M]. Cambridge: MIT Press, 2000.

② Venables A J. Equilibrium Locations of Vertically Linked Industries [J]. International Economic Review, 1996 (37): 341-359.

③ 吴庆源．城镇化进程中的中国农村居民消费行为研究［D］．广州：广东外语外贸大学硕士学位论文，2012.

④ 周建，杨秀祯．我国农村消费行为变迁及城乡联动机制研究［J］．经济研究，2009（1）：83-95.

⑤ 易行健，吴庆源，杨碧云．中国城市化进程中城乡分项消费的联动机制——基于混合均组方法的实证检验［J］．上海经济研究，2012（2）：65-76.

交易效应、保障效应和收入效应四个方面，并从实证角度验证了这几个效应。[①] 潘明清和高文亮（2014）将城镇化带来的经济效应分为集聚效应和外部成本效应，并发现集聚效应大于外部成本效应。[②] 周笑非（2012）也从集聚效应和收入效应等方面综合考察了城镇化对消费的传导机制。[③] 李通屏和成金华（2005）研究了城镇化驱动投资和消费的机制，认为由于人们的消费观念、消费心理和消费习惯具有相对的稳定性和连续性，因此城镇化驱动消费有一个时滞。随着农村人口向城市转移，虽然生活空间和消费环境发生了变化，但其消费观念、消费心理和消费习惯早已形成，一时难以改变，其消费观念、心理和习惯转变要更加漫长。[④⑤]

三、实证研究

有关城镇化与消费的早期研究主要集中在定性研究方面，并且绝大部分学者的定性研究都表明了城镇化发展是实现居民消费可持续增长、扩大内需，保持经济稳定增长的重要因素。但在定量分析中，国内外学者所得出的结论差异较大。

丹尼尔斯（1991）通过对美国服务消费增长的分析发现，城市化是居民服务消费增长的基础和前提，城市的集中有助于实现居民消费的多样性和便利性。[⑥] 亨德森（2005）从宏观层面证实了城镇化推进有助于发展中国家的消费提升。但是部分学者的研究认为城镇化能否促进居民消费，仍有待商榷。[⑦] 例如，范剑平和向书坚（1999）[⑧]、刘志飞和颜进（2004）[⑨] 通过实证分析发现城镇化对居民消费率增长的贡献几乎为零。部分学者发现二者之间存在着负相关关系。城镇化与

---

① 万勇．城市化驱动居民消费需求的机制与实证——基于效应分解视角的中国省级区域数据研究［J］．财经研究，2012（6）：124－133.

② 潘明清，高文亮．我国城镇化对居民消费影响效应的检验与分析［J］．宏观经济研究，2014（1）：118－125.

③ 周笑非．城市化扩大消费的机制与路径研究［J］．消费经济，2012（4）：32－35.

④ 李通屏，成金华．城市化驱动投资与消费效应研究［J］．中国人口科学，2005（5）：65－95.

⑤ 张晓波．中国城镇化与扩大消费增长：一个结构主义视角的分析［J］．经济问题，2014（2）：40－45.

⑥ Daniels P W，O'connor K，Hutton T A. The Planning Response to Urban Service Sector Growth：An International Comparison［J］. Growth and Change，1991（4）：3－26.

⑦ Henderson J V. Urbanization and Growth［J］. Handbook of Economic Growth，2005（1）：1543－1591.

⑧ 范剑平，向书坚．我国城乡人口二元社会结构对居民消费率的影响［J］．管理世界，1999（5）：8.

⑨ 刘志飞，颜进．从居民消费角度看城市化道路的选择［J］．城市问题，2004（3）：36－39.

消费之间的分歧不断，但从现有国内文献来看，绝大部分学者的研究还是肯定了城镇化发展对消费的促进作用。例如，张书云和周凌瑶（2010）运用 VAR 模型实证分析发现城镇化有效促进了农村居民的消费。① 雷潇雨和龚六堂（2014）在构建包含多类型的消费者和地方政府的理论框架上，分析发现城镇化水平能够有效推动居民消费率的增长。② 汤向俊和马光辉（2016）利用跨国面板数据研究发现，城镇化和服务业发展均对于提升居民消费率具有显著的正向效应。温涛等（2017）从人口城镇化和空间城镇化两个角度考察了城镇化对消费的影响，并发现前者对县域居民消费的促进作用要明显大于后者。③

参考文献

[1] 阿尔弗雷德·韦伯．工业区位论［M］．李刚剑，译．北京：商务印书馆，2010.

[2] 艾春荣，汪伟．习惯偏好下的中国居民消费的过度敏感性——基于 1995～2005 年省际动态面板数据的分析［J］．数量经济与技术经济研究，2008（11）：98－107.

[3] 白重恩，吴斌珍，金烨．中国养老保险缴费对消费和储蓄的影响［J］．中国社会科学，2012（8）.

[4] 财通证券．从国际比较角度看新型城镇化（上）［EB/OL］．Wind 资讯，2013－06－25.

[5] 陈永霞．城镇化建设的国际比较及对我国的启示［J］．商业时代，2013（11）.

[6] 丹尼尔·贝尔．后工业社会［M］．彭强，译．北京：科学普及出版社，1985：40－66.

[7] 杜能．孤立国同农业和国民经济的关系［M］．吴衡康，译．北京：商

① 张书云，周凌瑶．我国城镇化发展与农村居民消费关系的实证研究［J］．农业技术经济，2010（11）：30－37.

② 雷潇雨，龚六堂．城镇化对于居民消费率的影响：理论模型与实证分析［J］．经济研究，2014（6）：44－57.

③ 温涛，王汉杰，韩佳丽．城镇化有效驱动了居民消费吗？——兼论人口城镇化与空间城镇化效应［J］．中国行政管理，2017（10）：92－99.

务印书馆，1986.

［8］范剑平，向书坚．我国城乡人口二元社会结构对居民消费率的影响［J］．管理世界，1999（5）：8.

［9］H. 钱纳里，等．发展的型式 1950 – 1970（中译本）［M］．李新华，等，译．北京：经济科学出版社，1988.

［10］高梦滔，毕岚岚，师慧丽．持久收入与农户储蓄：基于八省微观面板数据的经验研究［J］．2008（4）：48 – 55.

［11］戈德史密斯．金融结构与金融发展［M］．周朔，等译．上海：上海三联书店，1990.

［12］郭剑雄．农业人力资本转移条件下的二元经济发展——刘易斯—费景汉—拉尼斯模型的扩展研究［J］．陕西师范大学学报（哲学社会科学版），2009（1）：93 – 102.

［13］杭斌，郭香俊．基于习惯形成的预防性储蓄——中国城镇居民消费行为的实证分析［J］．统计研究，2009（3）：38 – 43.

［14］赫希曼．经济发展战略［M］．曹征海，潘照东，译．北京：经济科学出版社，1992.

［15］黄静，屠梅曾．房地产财富与消费：来自于家庭微观调查数据的证据［J］．管理世界，2009（7）：35 – 45.

［16］黄群慧．中国城市化和工业化的协调发展问题分析［J］．学习与探索，2006（3）：213 – 218.

［17］拉尼斯—费景汉理论．商业评论百科：专业的管理百科，http：//wiki. ebusines，2011.

［18］雷钦礼．财富积累、习惯、偏好改变、不确定性与家庭消费决策［J］．经济学季刊，2009（3）：1029 – 1038.

［19］雷潇雨，龚六堂．城镇化对于居民消费率的影响：理论模型与实证分析［J］．经济研究，2014（6）：44 – 57.

［20］李通屏，成金华．城市化驱动投资与消费效应研究［J］．中国人口科学，2005（5）：65 – 95.

［21］李珍，赵青．我国城镇养老保险制度挤进了居民消费吗？——基于城镇的时间序列和面板数据分析［J］．公共管理学报，2015（10）：102 – 110.

［22］刘畅．社会保障水平对居民消费影响的实证分析［J］．消费经济，2008（3）：75 – 77.

[23] 刘新，刘伟，胡宝娣．社会保障支出、不确定性与居民消费效应［J］．江西财经大学学报，2010（4）：49－55.

[24] 刘艺容．消费增长与城市化互动关系研究——基于消费集聚的视角［M］．长沙：湖南人民出版社，2008.

[25] 刘志飞，颜进．从居民消费角度看城市化道路的选择［J］．城市问题，2004（3）：36－39.

[26] 龙志和，周浩明．中国城镇居民预防性储蓄实证研究［J］．经济研究，2000（11）：33－38.

[27] 倪丹容．中国二元经济的历史逻辑和结构刚性［J］．经济问题探索，2004（3）：9－11.

[28] 潘明清，高文亮．我国城镇化对居民消费影响效应的检验与分析［J］．宏观经济研究，2014（1）：118－125.

[29] 施建淮，朱海婷．中国城市居民预防性储蓄及预防性动机强度：1999－2003［J］．经济研究，2004（10）：64－74.

[30] 石永珍，王子成．住房资产、财富效应与城镇居民消费——基于家户追踪调查数据的实证分析［J］．经济社会体制比较，2017（6）：76－84.

[31] 托达罗．第三世界的经济发展［M］．于同申，等译．北京：中国人民大学出版社，1988.

[32] 万广华，张茵，牛建高．流动性约束、不确定性与中国居民消费［J］．2001（11）：35－44.

[33] 万勇．城市化驱动居民消费需求的机制与实证——基于效应分解视角的中国省级区域数据研究［J］．财经研究，2012（6）：124－133.

[34] 王策，周博．房价上涨、涟漪效应与预防性储蓄［J］．经济学动态，2016（8）：71－81.

[35] 王平．新型城镇化驱动居民消费的效应研究［D］．西安：陕西师范大学博士学位论文，2018.

[36] 王勇胜．农村劳动力流动路径分析［D］．杨凌：西北农林科技大学硕士学位论文，2007.

[37] 威廉·阿瑟·刘易斯．二元经济论［M］．北京：北京经济学院出版社，1989.

[38] 魏勇．社会保障、收入门槛与城镇居民消费升级［J］．社会保障评论，2017（4）：21－26.

［39］温涛，王汉杰，韩佳丽．城镇化有效驱动了居民消费吗？——兼论人口城镇化与空间城镇化效应［J］．中国行政管理，2017（10）：92－99.

［40］沃尔特·克里斯托塔勒．德国南部中心地原理［M］．常正文，王兴中，译．北京：商务印书馆，2010.

［41］吴庆源．城镇化进程中的中国农村居民消费行为研究［D］．广州：广东外语外贸大学硕士学位论文，2012.

［42］吴新博．我国二元经济结构的特征、测度及对策［J］．华中师范大学学报（人文社会科学版），2008（11）：64－68.

［43］西蒙·库兹涅茨．各国的经济增长［M］．常勋，译．北京：商务印书馆，1999.

［44］西蒙·库兹涅茨．现代经济增长：速度、结构与特征［M］．戴睿，等译．北京：北京经济学院出版社，1989：1－62.

［45］新时代证券．消费是经济增长第一驱动力，服务型消费贡献经济发展［R］．［2019－01－26］.

［46］易行健，王俊海，易君健．预防性储蓄动机强度的时序变化与地区差异——基于中国农村居民的实证研究［J］．经济研究，2008（2）：119－131.

［47］易行健，吴庆源，杨碧云．中国城市化进程中城乡分项消费的联动机制——基于混合均组方法的实证检验［J］．上海经济研究，2012（2）：65－76.

［48］臧旭恒，裴春霞．转轨时期中国城乡居民消费行为比较研究［J］．数量经济与技术经济研究，2007（1）：65－69.

［49］臧旭恒，张欣．中国家庭资产配置与异质性消费者行为分析［J］．经济研究，2018（3）：21－34.

［50］张安全，凌晨．习惯形成下中国城乡居民预防性储蓄研究［J］．统计研究，2015（2）：23－30.

［51］张大永，曹红．家庭财富与消费：基于微观调查数据的分析［J］．经济研究，2012（S1）：53－65.

［52］张书云，周凌瑶．我国城镇化发展与农村居民消费关系的实证研究［J］．农业技术经济，2010（11）：30－37.

［53］张晓波．中国城镇化与扩大消费增长一个结构主义视角的分析［J］．经济问题，2014（2）：40－45.

［54］赵正吉．农村剩余劳动力转移的循环流动模型［D］．北京：中国人民大学硕士学位论文，2008.

［55］周建，杨秀祯．我国农村消费行为变迁及城乡联动机制研究［J］．经济研究，2009（1）：83－95.

［56］周树平．劳动力的无限供给与农民工短缺［J］．人口与经济，2016（12）：15－18.

［57］周笑非．城市化扩大消费的机制与路径研究［J］．消费经济，2012（4）：32－35.

［58］左正强，刘耀森．凯恩斯后消费函数理论的发展评述［J］．晋阳学刊，2004（6）：41－44.

［59］Ando A，Modigliani F. The "Life Cycle" Hypothesis of Saving：Aggregate Implications and Tests［J］. American Economic Review，1963，53：55－84.

［60］Benjamin J D，Chinloy P，Jud G D. Real Estate Versus Financial Wealth in Consumption［J］. Journal of Real Estate Finance and Econometrica，2004，3：341－354.

［61］Bittlingmayer G. Output，Stock Volatility and Political Uncertainty in a Natural Experiment：Germany，1880－1940［J］. Journal of Finance，2010，53（6）：2243－2257.

［62］Blinder A. Distribution Effects and the Aggregate Consumption Function［J］. Journal of Political Economy，1975，87：608－626.

［63］Campbell J Y，Cocco J F. How Do House Prices Affect Consumption? Evidence from Micro Data［J］. Journal of Monetary Economy，2007，54（3）：591－621.

［64］Carroll C D，Slacalek J，Tokuoka K. The Distribution of Wealth and the MPC：Implications of New European Data［J］. American Economic Review，2014，104（5）：107－111.

［65］Cheshire. A New Phase of Urban Development in Western Europe［J］. The Evidence for the 1980s. Urban Studies，1995，32（7）：1045－1063.

［66］Corroll C. Why do the rich save much?［R］. NBER working paper series，1998.

［67］Daniels P W，O'connor K，Hutton T A. The Planning Response to Urban Service Sector Growth：An International Comparison［J］. Growth and Change，2010，22（4）：3－26.

［68］Deaton A.，Understanding Consumption［M］. Oxford：Clarendon

Press, 1992.

[69] Duesenberg J S. Income Saving and the Theory of Consumer Behavior [M] . Cambridge, Mass: Harvard University Press, 1949.

[70] Duesenberry J S. Income, Saving and the Theory of Consumer Behavior [M] . Harvard: Harvard University Press, 1949.

[71] Dynan K E. How Prudent are Consumers? [J] . Journal of Political Economy, 1993, 101 (6): 1104 - 1113.

[72] Feldstein, M. Social Security and Saving: New Time Series Evidence [J]. National Tax Journal, 1996, 49 (2): 151 - 164.

[73] Friedman M. A Theory of the Consumption Function, Princeton [M] . Princeton: Princeton University Press, 1957.

[74] Fujita M, Krugman P, Venables A. The Spatial Economy [M] . Cambridge: MIT Press, 2000.

[75] He L T, Mcgarrity J. A Reexamination of the Wealth Effect and Uncertainty Effect [J] . International Advances in Economics Research, 2005, 11: 379 - 398.

[76] Henderson J V. Urbanization and Growth [J] . Handbook of Economic Growth, 2005 (1): 1543 - 1591.

[77] Jappelli T, Pistaferri L. Fiscal Policy and MPC Heterogeneity [J] . American Economic Journal: Macroeconomics, 2014, 6 (4): 107 - 136.

[78] Kaplan G, Violante G L, Weidner J. The Wealthy Hand - to - Mouth [C] . Brookings Papers On Economic Activity, 2014: 77 - 138.

[79] Kaplan G, Violante G L. A Model of the Consumption Response to Fiscal Stimulus Payments [J] . Econometrica, 2014, 82 (4): 1199 - 1239.

[80] Keynes J M. The General Theory of Employment, Interest and Money [M] . London: Macmillan, 1936.

[81] Kimball M S. Precautionary Saving in the Small and in the Large [J] . Econometrics, 1990, 58 (1): 53 - 73.

[82] Krugman P. Increasing Returns and Economic Geography [J] . Journal of Political Economy, 1991 (99): 183 - 199.

[83] Leland H E. Saving and Uncertainty: The Precautionary Demand for Saving [J] . Quarterly Journal of Economics, 1968, 82: 465 - 473.

[84] Modigliani F, Bromberg R. Utility Analysis and the Consumption Function:

An Interpretation of Cross – Section Data [M] //Kenneth K Kuritara. Post – Keynesian Economics. New Brunswick, N. J. : Butgers University Press, 1954: 388 –436.

[85] Musgrove P. Income Distribution and the Aggregate Consumption Function [J] . Journal of Political Economy, 1980 (88): 504 –525.

[86] Pindyck R S. Irreversibility, Uncertainty and Investment [J] . Journal of Economic Literature, 1991, 29: 1110 –1148.

[87] Romer Christina. The Great Crash and the Onset of the Great Depression [J] . Quarterly Journal of Economics, 1990, 105: 597 –624.

[88] Rostow W W. Stages of Economic Growth: A Non – Communist Manifesto [M] . Cambridge: Cambridge University Press, 1960.

[89] Seckin A. Consumption with Habit Formation [J] . CIRANO Working Papers, 2000: 1 –26.

[90] Venables A J. Equilibrium Locations of Vertically Linked Industries [J] . International Economic Review, 1996, 37: 341 –359.

第三章　消费结构的演变与服务消费

第一节　消费结构的基本内容

一、消费结构

我国学界对消费结构的研究很早，并有着不同的界定。尹世杰（1983）认为，人们在消费过程中所消费的不同类型的消费资料比例关系即消费结构。[①] 杨圣明（1986）认为，消费结构是人们在生活消费过程中各种社会因素、自然因素之间以及社会因素与自然因素之间的相互关系和数量比例的总和。[②] 林白鹏等（1987）认为，人们在吃、穿、住、用的过程中，形成了不同消费品比例关系，这是从消费品比例关系角度定义的狭义的消费结构；广义的消费结构是人们生活消费中各种要素之间按一定方式、一定顺序建立起来的相互关系的总和。[③] 陈志宏（1994）认为，消费结构分为实物结构和价值结构两种形式：实物结构是人们在消费中消费了什么样的消费资料以及它们各自的数量及其比例关系，这是消费结构的最基本的、最原始的形式；价值结构是以货币表示的人们在消费过程中消费的各种不同类型的消费资料的比例关系，在现实生活中表现为各项支出。[④] 邓永成（2002）认为，消费结构是各种具体消费内容和形式的互相配合、互相作用

---

① 尹世杰．社会主义消费经济学［M］．上海：上海人民出版社，1983.

② 杨圣明．中国消费结构研究［M］．北京：中国社会科学出版社，1986.

③ 林白鹏，欧是，等．中国消费结构学［M］．北京：经济科学出版社，1987.

④ 陈志宏．社会主义消费通论［M］．北京：人民出版社，1994.

的方式。[①] 李振明（2002）将消费结构定义为“消费储蓄结构和消费支出结构的统一”。[②]

综合以往研究，消费作为一个复杂系统也具有自身特定的结构。消费结构是消费内容构成的组合方式、相互关系和动态变化。消费结构包括要素构成、要素组合和组合的动态变化，具体表现为居民在一定时间内消费一定数量的各类消费商品（包括产品和服务）的结构。

二、消费结构升级

居民消费结构升级是指随着社会经济的发展，居民从较低生活质量标准的消费结构向较高生活质量标准的消费结构演变的过程。消费结构升级有两种表现形式：一是消费比例不变，各个消费项目向更高层次发展；二是新消费产生，原有消费比例发生变化。前者是一种改良性升级，后者是一种革命性升级。事实上，这两种升级往往是交叉融合在一起的。结合经济发展的阶段性，消费结构升级还可以理解为温饱型消费向享受型消费，以及享受型消费向发展型消费变迁的过程。[③] 消费结构升级反映了居民从较低生活质量标准向较高生活质量标准的演变，是消费结构随着时代的进步、逐渐优化的过程。

第二节　消费结构的相关研究

一、消费结构的理论研究

在理论研究方面，Stone（1954）提出了线性支出模型（Linear Expenditure System，LES）。[④] LES 模型可以分析收入变动、商品自身价格及其他商品价格对消费支出的影响，能比较全面地反映消费需求的变化规律，但该模型假设消费总预算支出外生给定，难以估计。针对 LES 模型存在的问题，Luch（1975）分别

① 邓永成．经济转型时期中国居民的消费结构［M］．郑州：河南人民出版社，2002.

② 李振明．经济转型与居民消费结构演进［M］．北京：经济科学出版社，2002.

③ 张颖熙，夏杰长．以服务消费引领消费结构升级：国际经验与中国选择［J］．北京工商大学学报（社会科学版），2017（11）：126－134.

④ Stone R. Linear Expenditure System and Demand Analysis: An Application to the Pattern of British Demand［J］. The Economic Journal, 1954, 64（255）: 511－527.

用总收入和边际消费倾向代替 LES 模型中的总预算支出和预算支出份额，提出 ELES（Extended Linear Expenditure System）模型。[①] LES 和 ELES 模型实质上都是在已知预算约束条件下求解消费者效用最大化需求，即“马歇尔需求”。[②] 后来，Deaton 和 Muellbauer（1980）提出 AIDS（Almost Ideal Demand System）模型，在给定的价格体系和效用水平下，求解消费者的支出最小化问题。AIDS 模型能够更直观、准确地表现出各种变量对消费结构的影响，因而在消费结构的分析中有广泛的应用。[③]

AIDS 模型的前提假设以恩格尔曲线为线性，遭到很多学者的质疑，认为商品消费支出份额与总消费支出之间应该存在着更为一般的非线性函数关系（Atkinson et al.，1990[④]；Lewbel，1991[⑤]；Hausman et al.，1995[⑥]）。Banks 等（1997）对 AIDS 模型进行了扩展，并在其基础上增加了一个二次项，称为二次型近似理想需求系统（Quadratic Almost Ideal Demand System，QUAIDS）。[⑦]

二、消费结构的实证研究

国内外学者对居民消费结构的实证研究，可以粗略地归纳为以下几个方面的内容：

一是早期研究中，国内外学者多用 ELES 或 AIDS 模型分析居民消费结构的特征。例如国外学者 Arranz（1996）分析了欧盟 10 国 1962 ~ 1986 年私人消费结构的变动，并与美国和日本进行了比较[⑧]；Tomáš CAHLíK 等（2005）用收入效

---

① Luch C. Consumer Demand Systems and Aggregate Consumption in the USA: An Application of the Extended Linear Expenditure System [J]. Canadian Journal of Economics, 1975, 8 (1): 49 - 66.

② 陈建宝，李坤明. 收入分配、人口结构与消费结构：理论与实证研究［J］. 上海经济研究，2013（4）：74 - 87.

③ Deaton A, Muellbauer J. An almost Ideal Demand System [J]. The American Economic Review, 1980, 70 (3): 312 - 326.

④ Atkinson A B, Gomulka J, Stern N H. Spending on Alcohol: Evidence from the Family Expenditure Survey 1970 - 1983 [J]. Economic Journal, 1990. 100 (402): 808 - 827. 1990, 100: 808 - 827.

⑤ Lewbel A. The Rank of Demand Systems: Theory and Nonparametric Estimation [J]. Econometrica, 1991, 59: 711 - 730.

⑥ Hausman J A, Newey W K, Powell J L. Nonlinear Errors in Variables: Estimation of Some Engel Curves [J]. Ecometrica, 1995, 65: 205 - 233.

⑦ Banks J, Blundell R, Lewbel A. Quadratic Engel Curves and Consumer Demand [J]. Rev Econ Statist, 1997, 79: 527 - 539.

⑧ Arranz M. Forecasting Private Consumption Structure in European Countries: SKIM Model Results and Comparison with Other Approaches [J]. First Published, 1996, Updated 2002. 1996: 1 - 31.

应和后凯恩斯的消费行为动机理论解释欧洲国家消费结构的快速收敛性①；Najat El－Mekkaoui 和 Joaquim（2009）基于生命周期理论分析欧盟 18 国居民在汽车、住房健康、教育等方面消费支出的结构变动趋势②；Jappelli 等（2010）利用 1980～2006 年意大利的数据，基于 AIDS 模型，发现收入来源不稳定性会导致工资的不平稳性，进而影响消费结构。③ 国内学者臧旭恒和孙文祥（2001）利用 ELES 和 AIDS 模型对我国城乡居民消费结构进行了实证研究，发现我国城乡居民消费结构存在显著差异；④ 林文芳（2011）利用 ELES 模型的实证分析表明可支配收入和分配政策对居民消费具有显著但又有差异的影响；⑤ 范叙春（2016）基于 AIDS 模型，利用门槛效应模型检验了收入增长对不同商品消费支出的门槛效应，结果表明服务消费的门槛值更高，收入对服务消费影响更为明显。⑥ 张慧芳和朱雅玲（2017）基于 AIDS 扩展模型实证研究了居民收入结构与消费结构关系的差异演化。⑦

二是随着方法的进步，越来越多的学者倾向于用 QUAIDS 模型研究消费结构。Lührmann（2005）使用 QUAIDS 模型分析了德国家庭消费结构随年龄增加而出现的变化。⑧ Zheng 和 Henneberry（2010）使用 QUAIDS 模型研究中国江苏省的粮食消费结构。⑨ 国内学者张颖熙（2014）通过运用 QUAIDS 模型模拟中国城镇居民家庭服务消费需求弹性特征。⑩ 唐琦等（2018）使用 QUAIDS 结构方程模型分析了 CHIP（1995 年、2002 年、2013 年）城市随机入户调查数据，发现 1995～

---

① Tomáš CAHLíK, TOMS HONZá K, JANA HONZÁ KOVÁ, MARCEL JIŘINA, NATÁLIE REICHLOVÁ. Convergence of Consumption Structure［J］. Working Paper UK FSV－IES, 2005：30－50.

② Najat El－Mekkaoui de Freitas, Joaquim Oliveira Martins. Consumption Structure, Welfare Goods and Retirement Income：Linking the Aging Puzzles［J］. Social Science Research Network, 2009（3）：1－22.

③ T. Jappelli, L. Pistaferri. Does Consumption Inequality Track Income Inequality in Italy?［J］. Review of Economic Dynamics, 2010, 13（1）：133－153.

④ 臧旭恒，孙文祥．城乡居民消费结构：基于 ELES 模型和 AIDS 模型的比较分析［J］．山东大学学报（哲学社会科学版），2003（6）：122－126.

⑤ 林文芳．县域城乡居民消费结构与收入关系分析［J］．统计研究，2011（4）：49－56.

⑥ 范叙春．收入增长、消费结构升级与产品有效供给［J］．经济与管理研究，2016（5）：16－24.

⑦ 张慧芳，朱雅玲．居民收入结构与消费结构关系演化的差异研究——基于 AIDS 扩展模型［J］．经济理论与经济管理，2017（12）：23－35.

⑧ Lührmann M. Population Aging and the Demand for Goods and Services［J］. Mea Discussion Paper, Series 05095, 2005：1－16.

⑨ Zheng Z H. Henneberry S R. An Analysis of Food Grain Consumption in Urban Jiangsu Province of China［J］. Journal of Agricultural and Applied Economics, 2010, 42（2）：337－355.

⑩ 张颖熙．中国城镇居民服务消费需求弹性研究——基于 QUAIDS 模型的分析［J］．财贸经济，2014（5）：127－135.

2013年，中国城镇家庭消费结构出现了极大的转变，在空间、时间维度以及不同类型的家庭之间差异明显。①

三是探索影响居民消费结构的各种决定因素：在收入结构方面，Brzozowski等（2010）研究加拿大收入结构和消费结构发现，税收和转移支付政策缓解了部分收入的不稳定性。② Miyazawa Kenichi（2012）认为消费结构的优化在很大程度上依赖于收入结构，不同消费类型因受不同消费水平影响而有其自身消费模式。③ Aguiar和Mark（2015）指出不合理的收入结构可能导致消费结构的不合理。④ 国内学者张秋惠和刘金星（2010）研究了不同性质的收入对我国居民消费结构具有不同的影响。⑤ 周弘（2012）认为住房按揭贷款会通过“挤压效应”和“补偿效应”影响家庭消费行为，进而改变家庭消费结构。⑥

在收入分配方面，国内学者孙凤和易丹辉（2000）用面板模型实证分析发现收入差距对消费结构具有显著的影响；⑦ 陈建宝和李坤明（2013）分析了收入分配和人口结构对居民消费结构的影响机制。⑧

在人口结构方面，Melanie Luhrmann（1980）分析了人口老龄化如何影响西德的消费结构需求，结果指出老龄化使得住房和休闲产品的消费支出显著增加，必需品的消费支出显著下降；⑨ 李洪心和高威（2008）认为人口老龄化将导致消费结构的变化；⑩ Miltiades（2012）基于OECD数据分析了老龄化对家庭消费结

---

① 唐琦，夏庆杰，李实．中国城市居民家庭的消费结构分析：1995－2013［J］．经济研究，2018（2）：35－49.

② Brozozowski M，Gervais M，Klein P. Consumption，Income and Wealth Inequality in Canada［J］．Review of Economic Dynamics，2010，13（1）：52－75.

③ Miyazawa K. Input－Output Analysis and the Structure of Income Distribution［M］．New York：Springer Science & Business Media，2012.

④ Aguiar M，Bils M. Has Consumption Inequality Mirrored Income Inequality?［J］．The American Economic Review，2015，105（9）：101－129.

⑤ 张秋惠，刘金星．中国农村居民收入结构对其消费支出行为的影响——基于1997～2007年的面板数据分析［J］．中国农村经济，2010（4）：48－54.

⑥ 周弘．住房按揭贷款如何影响家庭消费结构［J］．统计研究，2012（7）：44－48.

⑦ 孙凤，易丹辉．中国城镇居民消费行为演变的制度解释与统计检验［J］．统计研究，1999（3）：45－52.

⑧ 陈建宝，李坤明．收入分配、人口结构与消费结构：理论与实证研究［J］．上海经济研究，2013（4）：74－87.

⑨ Melanie Luhrmann. Population Aging and the Changing Composition of Consumption Demand［D］．European Community's Human Potential Programme Under Contract HPRN－CT－2002－00235.

⑩ 李洪心，高威．中国人口老龄化对消费结构影响的灰色关联度分析［J］．人口与发展，2008（6）：67－72.

构的影响；[①] 倪红福等（2014）利用1995年、2002年和2007年的CHIPS数据实证分析了家庭人口结构变化对城乡居民家庭消费结构的影响，研究认为家庭收入、规模大小、户主年龄表家庭不同年龄人口占比等家庭人口结构变量对消费结构都有一定的影响；[②] 徐国祥（2016）采集中国31个省市（不包含港、澳、台地区）2001～2012年面板数据研究了老年抚养比上升对居民消费结构的影响，研究发现老年抚养比上升对食品支出具有抑制作用，对医疗保健支出具有促进作用；[③] 乐菡和刘社建（2017）利用1995～2015年的分五岁组的人口年龄结构与消费结构数据，采用邓式灰色关联度方法测度了近20年来的人口结构与消费结构之间的动态关系。[④]

在其他因素方面，樊茂清和任若恩（2007）构建了异质性偏好消费模型并研究具有不同特征的我国城镇居民消费结构，证实了偏好的异质性对消费结构的影响。[⑤]

三、服务消费的研究

1. 从城镇化与消费结构升级一般规律视角研究服务消费

服务消费不仅代表了消费结构升级的方向，更重要的是服务消费扩大有助于经济增长和产业结构优化升级。对此，国内外学者的研究已经充分证实了这一点。例如，国外学者Baumol认为，以教育、医疗和艺术为代表的服务消费支出比重不断上涨是经济发展和社会进步的必然趋势。这是因为相对于制造业，这些“停滞行业”的劳动生产率很难提高，而两大行业的工资增长基本一致，从而导致以教育、医疗和艺术为代表的服务业成本和价格上涨快于制造业，即鲍莫尔提出的“成本病”问题。[⑥] Pugno（2006）通过构建一般均衡模型，从供给角度发现服务消费有助于提高人力资本的累积效应。[⑦]

---

① Militiades N. Ageing on Consumption Structure: A Panel Data Analysis [J]. Social Science Research Network, 2012 (12): 1-25.

② 倪红福，李善同，何建武．人口结构变化对消费结构及储蓄率的影响分析［J］．人口与发展，2014（5）：25-34.

③ 徐国祥．人口老龄化与居民消费结构的统计检验［J］．统计与决策，2016（1）：91-94.

④ 乐菡，刘社建．人口转型与消费结构变迁研究［J］．上海经济研究，2017（11）：33-42.

⑤ 樊茂清，任若恩．基于异质性偏好的中国城镇居民消费结构研究［J］．中国软科学，2007（10）：37-46.

⑥ William J Baumol. The Cost Disease—Why Computer Get Cheaper and Health Care Doesn't [M]. Connecticut: Yale University Press, 2012: 101-122.

⑦ Pugno. The Service Paradox and Endogenous Economic Growth [J]. Structural Change and Economic Dynamics, 2006, 17 (1): 99-115.

国内学者王晶晶和黄繁华（2014）利用中国数据的实证研究进一步验证了Pugno的结论。① 张颖熙和夏杰长（2017）总结发达国家消费结构升级的经验发现，消费结构主要按照“衣食—住行—康乐”的路径进行，服务消费代表了消费结构升级的最终趋势。② 张翼（2014）的研究也提到，从生存性消费向发展性消费转型，在发展性消费中从耐用消费品向服务类消费品转型，是一个必然的过程。他从社会学角度探讨了服务消费存在和发展的社会文化基础。③

程大中（2009）认为中国居民的服务性消费支出趋于上升，是服务价格而非收入水平的提高是其中的主因，我国绝大多数地区在服务消费方面已显露出“成本病”问题。④ 沈家文和刘中伟（2013）从经济结构、居民收入、产品价格、服务供给、消费政策五个方面探讨了中国居民服务消费扩大的影响因素。⑤ 申广斯和杨振之（2016）研究认为，城镇居民休闲消费的变迁经历了简朴型、粗放型和集约型三个发展阶段，影响其变迁的主要因素有经济发展水平、恩格尔系数、城镇居民收入和闲暇时间等。⑥ 商海岩和胡欢欢（2017）从供给侧改革视角分析了城市化拉动服务消费的路径。⑦ 张磊和刘长庚（2017）从供给侧改革背景下探讨服务业新业态创新与服务消费增长，他们的研究认为，我国城乡居民服务消费存在典型的“二元”特征，其背后的主要原因是城乡居民收入差距较大，农村居民消费理念更新滞后，导致农村居民服务消费占比偏低。⑧

2. 从收入水平、收入结构和财富水平视角研究服务消费

国内外大量的实证研究均证实，家庭收入和财富水平对服务消费有显著而积极的影响。从国外已有研究来看，Ferrer 和 Dardis（1991）的实证研究发现，家

① 王晶晶，黄繁华．我国服务业发展滞后和生产率增长悖论的解析——基于服务消费视角［J］．上海财经大学学报，2014（1）：106－112.

② 张颖熙，夏杰长．以服务消费引领消费结构升级：国际经验与中国选择［J］．北京工商大学学报（社会科学版），2017（6）：126－134.

③ 张翼．当前中国社会各阶层的消费倾向——从生存性消费到发展性消费［J］．社会学研究，2016（4）：74－97.

④ 程大中．收入效应、价格效应与中国的服务性消费［J］．世界经济，2009（3）：14－18.

⑤ 沈家文，刘中伟．促进中国居民服务消费的影响因素分析［J］．经济与管理研究，2013（1）：53－58.

⑥ 申广斯，杨振之．中国城镇居民休闲消费变迁及影响因素研究［J］．河南大学学报（社会科学版），2016（2）：44－50.

⑦ 商海岩，胡欢欢．供给侧改革视角下城市化拉动服务消费的路径研究［J］．经济与管理评论，2017（6）：14－20.

⑧ 张磊，刘长庚．供给侧改革背景下服务业新业态与消费升级［J］．经济学家，2017（11）：37－46.

庭收入对服务性消费支出有决定性作用;① Cohen (1998) 采用 Tobit 模型的实证分析显示，家庭拥有的金融资产对在外饮食及家政服务消费有显著而积极的影响。② 对中国居民服务消费问题的研究上，Min 等③ (2004) 和 Ma 等④ (2006) 通过对中国家庭收入和支出调查数据的实证研究均发现，家庭收入与在外饮食支出呈显著正相关；Mocan 等 (2004) 的实证研究发现，作为家庭财富水平替代变量的住宅房间数与医疗服务支出呈正相关;⑤ 邹红和喻开志 (2013) 分析了收入结构对总消费和服务消费的影响，同时数值模拟了收入结构对服务消费倾向的效应。⑥

3. 从户主生命周期特征、受教育程度和家庭人口结构研究服务消费

在对国外服务消费问题上，Wang 等 (1995) 对 60 岁及以上老年家庭的饮食消费 OLS 估计发现，户主年龄、工作时长和受教育程度对外出就餐有很大影响;⑦ Tansel 和 Bircan (2006) 对土耳其家庭微观调查数据实证发现，户主年龄及户主受教育程度与家庭在教育上的支出呈正相关;⑧ Wagner 和 Lucero - campins (1988) 通过对 1973 年美国家庭调查数据的实证研究也发现受教育程度对服务消费有显著影响，特别是妻子受教育程度越高，家庭的服务性消费支出越高，丈夫受教育程度越高，家庭在文娱等服务性消费上的支出也越高;⑨ Machado (2007) 利用葡萄牙的家庭微观数据实证研究发现，妻子就业对各项服务性消费支出有显

① Ferrer H S, Dardis R. Determinants of Household Expenditures for Services [J]. Journal of Consumer Research, 1991, 17 (4): 385 - 397.

② Cohen P N. Replacing Housework in the Service Economy: Gender, Class and Race - Ethnicity in Service Spending [J]. Gender & Society, 1998, 12 (2): 219 - 231.

③ Min L, Fang C, Li Q. Investigation of Patterns in Food - away - from - home Expenditure for China [J]. China Economic Review, 2004, 15 (4): 457 - 476.

④ Ma H Y, Huang J K, Fueller F, Rozelle S. Getting Rich and Eating Out: Consumption of Food away from Home in Urban China [J]. Canadian Journal of Agricultural Economics, 2006, 54 (1): 101 - 119.

⑤ Mocan H N, Tekin E, Zax J S. The Demand for Medical Care in Urban China [J]. World Development, 2004, 32 (2): 289 - 304.

⑥ 邹红，喻开志. 收入结构视角下扩大居民服务消费的实证研究——基于广东省城镇住户调查数据 [J]. 财经科学, 2013 (5): 105 - 114.

⑦ Wang H, Mok C F J, Fox J. Food Expenditure Patterns of Elderly Consumers: A Question of Time Allocation [J]. Journal of the Family Economics and Resource Management, 1995 (1): 185 - 191.

⑧ Tansel A, Bircan F. Demand for Education in Turkey: A Tobit Analysis of Private Tutoring Expenditures [J]. Economics of Education Review, 2006, 25 (3): 303 - 313.

⑨ Wagner J, Lucero - Campins L. Social Class: A Multivariate Analysis of its Effect on Expenditures for Household Services [J]. Journal of Consumer Studies & Home Economics, 1988, 12 (4): 373 - 387.

著正效应。①

在对中国服务消费问题上，与国外的相关研究相比，家庭人口特征、居民教育水平等生命周期特征对服务性消费支出的影响存在广泛差异。Song（2008）利用中国农村家庭调查数据进行分析发现，家庭医疗服务性消费支出与户主受教育程度呈负相关；与国外研究结果类似，妻子的就业与受教育程度对家庭服务性消费支出产生重要影响。②张彩萍和白军飞（2010）通过对北京市家庭调查数据实证研究发现，家庭在外饮食支出与妻子的工资和工作时长都呈显著正相关。③杨碧云等（2014）综合考察了家庭收入、生命周期、人口结构和教育状况对服务消费的影响。他们的研究发现，城市人口规模对家庭总服务性消费支出的影响显著，且呈现倒“U”型关系，妻子与丈夫受教育年限的增加均将显著增加家庭总服务性消费支出，妻子就业可以显著增加家庭总服务性消费支出。④

综合以往有关服务消费的相关研究，总结几点如下：第一，国外学者对服务消费领域的研究规范扎实，但多集中于发达国家服务消费与人力资本积累的关系，研究背景与我国当前所处的经济社会发展阶段存在较大差异；第二，国内学者对制约服务消费的制度研究，往往局限于某一特定领域进行相对独立的研究，缺乏深入而系统的制度联动机制研究；第三，国内学者对城镇化与消费问题研究成果丰硕，但缺少从城镇化阶段性特征视角的研究，尤其是对新型城镇化与消费（服务消费）的研究尚属空白。由此，本书将在以往研究基础上，拟从新型城镇化背景下深入探讨进一步扩大服务消费的联动机制，系统考察新型城镇化促进服务消费的一系列联动效应。

---

① Machado C S. Female Labor Force Participation and Household Expenditure Patterns [J] Economic Global E Gestao, 2007, 12 (2): 35–51.

② Song L. In Search of Gender Bias in Household Resource Allocation in Rural China [J]. IZA Discussion Papers, No. 3464, 2008: 1–29.

③ 张彩萍，白军飞．在外饮食消费决策中的收入效应与时间效应——对北京市居民饮食消费的实证研究［J］．中国软科学，2010（9）：56–65.

④ 杨碧云，张凌霜，易行健．家庭服务性消费支出的决定因素基于中国城镇住户调查数据的实证检验［J］．财贸经济，2014（6）：122–136.

第三节　从国际经验看消费结构升级的一般规律

一、美国消费结构的演变

1. “二战”后美国消费支出持续增长，消费驱动经济明显

“二战”后至今，美国个人名义消费支出从1946年的1442亿美元增长至2016年的139485亿美元，年均增长6%。从1953年开始，美国个人消费支出成为拉动经济增长的最主要力量，其对GDP的拉动效应高于投资、净出口和政府支出对GDP的作用。1953～2018年，个人消费支出对GDP的同比拉动率平均为1.6%。个人消费支出占GDP比重经历了先降低后提升的两个阶段，从1950年的64%降低至1967年的58.9%，随后开始波动上升，2018年达到68.1%（见图3－1）。

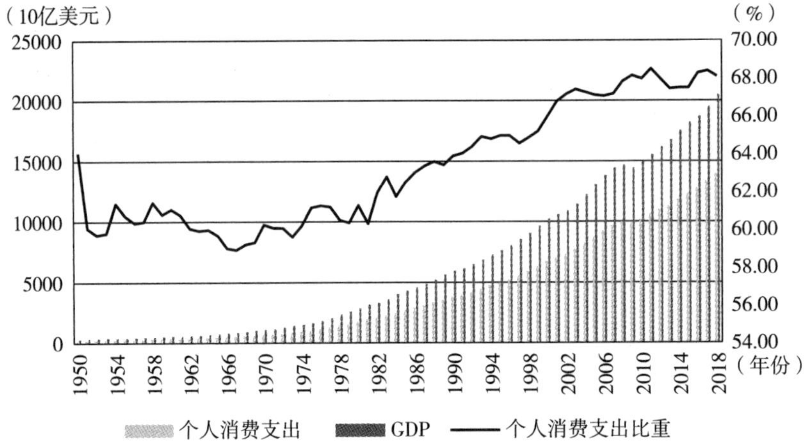

图3－1　1950～2018年美国个人消费支出与GDP变化趋势

资料来源：Wind资讯“全球宏观数据库”相关数据整理。

2. 耐用品消费比重日益提高，服务消费逐步占据主导地位

1950～2018年美国个人消费支出中，商品消费支出从1168亿美元增长至43388亿美元，年均名义增长6%。商品消费分为耐用品消费和非耐用品消费，

其中，非耐用消费品支出的比例明显下降，而耐用消费品的比例在稳定中有所下降。耐用消费品从 1950 年的 27.7% 上升到 2018 年的 33.6%，非耐用消费品从 1950 年的 72.3% 下降到 2018 年的 66.4%（见图 3－2）。

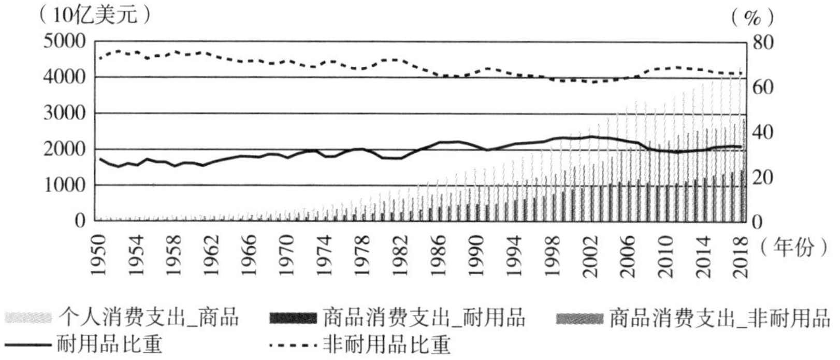

图 3－2　1950～2018 年美国商品消费支出及结构

资料来源：Wind 资讯“全球宏观数据库”相关数据整理。

1950～2018 年，美国服务消费支出从 752 亿美元增长至 96097 亿美元，年均名义增长 7.5%（见图 3－3）。从占比上看，商品消费支出占个人消费总支出的比重呈现持续、显著的下降趋势；服务消费支出的比重则呈现持续的上升态势。1970 年，美国人均名义 GDP 为 5246 美元，服务消费支出占比超过 50%，超过商品消费支出比例，这意味着美国消费结构发生了质的变化，服务消费成为美国消费需求的主导（见图 3－3）。

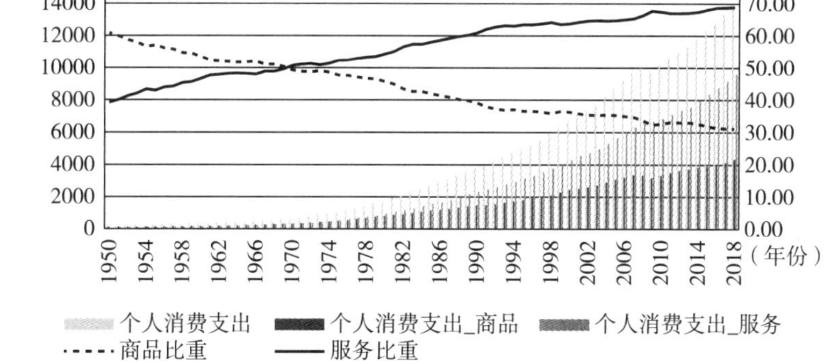

图 3－3　1950～2018 年美国个人消费支出中商品与服务消费的结构比较

资料来源：Wind 资讯“全球宏观数据库”相关数据整理。

二、日本消费结构的演变

1. 日本私人消费总量增长长期稳定

从私人消费总量来看，20 世纪 80 年代初到 90 年代末，日本私人消费增长非常明显，从 1981 年的 1406981 亿日元增长到 1999 年的 2847936 亿日元，2000 年以来私人消费的增长趋于稳定，到 2018 年私人消费达到 3052056 亿日元；从私人消费占 GDP 比重来看，基本在 60% 左右浮动；私人消费的增长呈现下降的趋势。

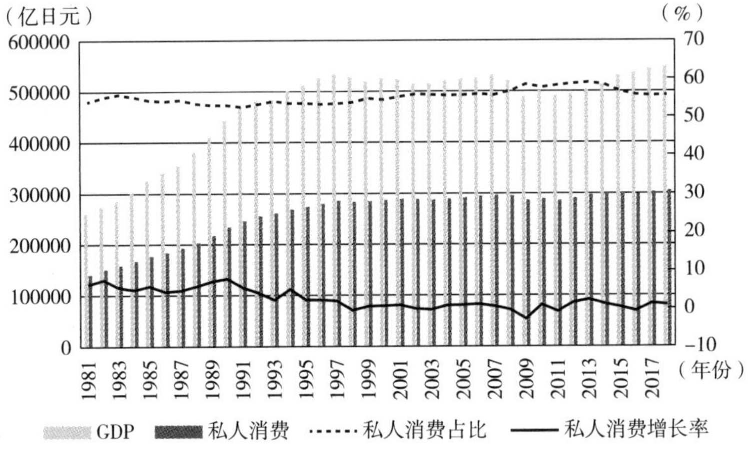

图 3－4　1981～2017 年日本私人消费支出及其比重变化

资料来源：Wind 资讯“全球宏观数据库”相关数据整理。

2. 日本家庭消费内部结构

从 2000 年以来日本家庭生存和生计消费支出的内部结构来看，耐用消费品的支出比重基本占比不高，且一直比较稳定。消费占比中上升最明显的是医疗保健和交通通信两大类支出。教育和娱乐在家庭生存生计支出中的比重分别稳定在 3% 和 10.5% 左右，变化不大（见表 3－1）。

表 3－1　2000～2018 年日本家庭生存生计消费支出结构　（单位：%）

年份	家用耐用品	住房	医疗保健	交通运输和通信	教育	阅读和娱乐
2000	1.2	8.0	3.4	11.4	3.5	10.4

续表

年份	家用耐用品	住房	医疗保健	交通运输和通信	教育	阅读和娱乐
2001	1.2	7.8	3.6	11.7	3.1	10.3
2002	1.2	7.8	3.8	11.7	3.3	10.5
2003	1.1	7.9	3.9	12.2	3.3	10.7
2004	1.0	7.7	4.0	12.6	3.2	10.6
2005	1.2	7.6	4.2	12.6	3.1	10.6
2006	1.1	7.6	4.3	12.8	3.2	10.8
2007	1.1	7.4	4.3	13.1	3.2	10.8
2008	1.0	7.7	4.1	12.8	3.2	11.0
2009	1.1	7.1	4.4	13.1	3.3	11.2
2010	1.3	7.4	4.3	12.6	3.0	11.8
2011	1.1	8.1	4.4	12.7	3.2	10.4
2012	1.1	7.7	4.6	13.5	3.0	10.4
2013	1.3	7.9	4.3	13.9	2.8	10.2
2014	1.1	7.5	4.6	13.5	2.9	10.1
2015	1.1	7.9	4.6	12.7	2.8	10.2
2016	1.0	7.8	4.5	13.3	2.8	10.5
2017	1.1	7.5	4.6	13.6	2.9	10.1
2018	1.3	7.8	4.6	13.9	3.2	9.9

资料来源：CEIC 全球经济数据库。

三、消费结构升级的一般规律与特征

1. 工业化后期消费结构演变特征

消费结构升级与一个国家或地区经济社会发展水平和阶段密切相关。罗斯托在《政治和成长阶段》中明确提出，一个国家的经济发展过程分为六个阶段，即传统社会阶段、准备起飞阶段、走向成熟阶段、大众消费阶段和超越大众消费阶段。所谓超越大众消费阶段，即这个阶段的主导部门不再是生产有形产品的工业部门，而是提供劳务和改善生活质量的服务部门。进入这一阶段，人们在休闲、教育、保健和社会保障领域的花费将增加。丹尼尔·贝尔认为，进入后工业社会，经济结构将从商品生产经济转向服务型经济。随着经济结构转型和国民收入的提高，人们用于食物的支出将减少，更多收入将被花费在耐用消费品，进而以休闲娱乐为代表的服务消费领域。罗斯托和丹尼尔·贝尔对经济社会发展的不同阶段做了定性描述。国内学者以恩格尔系数为指标，将消费结构变迁划分为四个阶段，贫困转向温饱阶段（1981～1985 年），温饱阶段（1986～1995 年），温饱转向小康阶段（1996～2000 年），小康转向富裕阶段（2001～2008 年）（孙皓和胡鞍钢，2013）。也有国内学者以经济体制改革的时间为节点，总结了五个阶段的消费结构特征，分别是改革开放初期（1978～1984 年）食品、衣着消费比重上升阶段，价格双轨制下（1985～1988 年）消费热点转向耐用品，经济体制改革的深化阶段（1989～1996 年）恩格尔系数逐渐下降，大型国有企业改革时期（1997～2003 年）消费结构出现明显的升级现象，体制完善和转变经济发展方式阶段（2003 年至今）消费模式向享受型过渡（袁志刚等，2009）。张颖熙和夏杰长（2011）的研究认为，居民消费结构升级的趋势主要按照“衣食→住行→康乐”的路径进行，服务消费代表消费升级的最终趋势。

工业化后期与后工业化时期的消费规律与消费特征可以总结如下：

第一，随着工业化进程加深，恩格尔系数呈逐年下降态势。第二，水、燃料、动力租金在整个消费中的占比明显提升。第三，通信与交通支出明显上升，电话、手机的普及以及通信服务质量的提升带动了居民通信支出，而这部分消费是这一时代的显著特征；另外，汽车的普及和公共交通的便利都促进了交通支出的攀升。第四，休闲娱乐文化消费提升。社会从工业化后期转向后工业化时期将进入凡勃伦所讲的“有闲阶级炫耀性消费”阶段，休闲娱乐消费成为提升生活质量的象征。第五，家具等设备的占比整体保持平稳。第六，衣服等消费的占比明显下降。第七，医疗保健和个人护理在消费中占比提升。

2. 从发达国家经验看我国消费结构升级

为了更好地理解消费结构升级的阶段性，我们借鉴钱纳里的经济发展阶段论，依据人均 GDP 发展水平，从定量角度将经济社会发展设定为五个阶段。参照钱纳里的标准，我们将消费结构升级依次划分为五个阶段：当人均 GDP 在 1500 美元以内时（即工业化前期），人们追求的是基本的生理和物质需求；当人均 GDP 在 1500～3000 美元时（即工业化初期），物质消费需求高速增长；当人均 GDP 在 3000～5000 美元时（即工业化中期），以耐用消费品为主的物质消费占据主导地位，伴随物质消费高度繁荣，人们对以休闲娱乐、教育和医疗为代表的服务消费需求日益增多；当人均 GDP 在 5000～10000 美元时（即工业化后期），随着经济结构服务化转型和中产阶级崛起，服务消费需求快速成长并开始占据主导地位；当人均 GDP 超过 10000 美元时（后工业化阶段），服务业高度发达，服务消费需求占据绝对主导地位。

从美、日、韩经济发展阶段与服务消费比重的变化趋势来看（见表3-2），这与我们之前对消费结构升级五个阶段的判断基本一致。当人均GDP超过3000美元时，以美、日为代表的发达国家服务消费的比重均达到30%以上。当人均GDP超过5000美元时，消费结构变化的驱动力主要来自服务消费的快速增长。我们把这种通过新的消费增加引起消费结构的变化称为“增量消费升级”。由此可见，工业化后期是服务消费快速增长的关键阶段。当人均GDP达到10000美元时，三个国家服务消费比重基本达到并超过40%，服务消费开始占据主导地位。当人均GDP超过10000美元并趋向30000美元的过程中，消费增速显著放缓，“增量消费升级阶段”基本结束，居民消费结构开始趋于稳定，我们称之为“消费结构稳态”（服务消费占比达到甚至超过50%）。从数据来看，以美、日、韩为代表的发达国家均在20世纪90年代末期完成了增量消费升级，达到消费结构稳态。消费从增量升级到结构稳态的过程恰恰是产业结构升级的反映。从产业结构转型升级角度来看，这些发达经济体完成深度工业化进程后，第三产业迅速发展，直到实现新的产业结构平衡，体现在下游则是新的稳定的消费结构。总之，从发达国家消费结构升级的经验可以发现，服务消费代表消费升级的最终趋势，服务消费比重不断提升是消费结构转型升级的重要表现。

表3-2　中、美、日、韩四国经济发展水平与服务消费比重比较

（单位：美元,%）

		人均GDP（3000~5000）	人均GDP（5000~10000）	人均GDP（10000~30000）	人均GDP（30000以上）
美国	时间阶段	1960~1969年	1970~1978年	1979~1996年	1996年至今
	服务消费比重	46%~50%	50%~54%	55%~63%	64%~67%
日本	时间阶段	1973~1976年	1977~1981年	1982~1992年	1993年至今
	服务消费比重	30%~33%	33%~35%	35%~40%	40%~50%
韩国	时间阶段	1987~1989年	1990~1994年	1995~2006年	2007年至今
	服务消费比重	—	—	42%~45%	45%~50%
中国	时间阶段	2008~2011年	2012年至今	—	—
	服务消费比重	26%~33%	31%~34%	—	—

资料来源：人均GDP数据来源于世界银行数据库，http：//data.worldbank.org/；国外服务消费数据来源于CEIC全球数据库和Wind资讯；中国服务消费数据来源于《中国统计年鉴》(2015)。

相比之下，中国人均 GDP 在 2008 年突破 3000 美元，2012 年突破 5000 美元，2018 年接近 10000 美元，但我国城乡居民服务消费的比重仍然没有达到 40%，与以美、日、韩为代表的发达国家服务消费水平相比差距较大。中国服务消费比重严重偏低客观上证实了我国的确存在“消费抑制”的事实，也反映出“消费抑制”一旦被矫正后必然会释放出巨大潜力。本书将在后文具体阐释推动我国消费结构升级的动力因素。

参考文献

［1］陈建宝，李坤明．收入分配、人口结构与消费结构：理论与实证研究［J］．上海经济研究，2013（4）：74－87.

［2］陈志宏．社会主义消费通论［M］．北京：人民出版社，1994.

［3］程大中．收入效应、价格效应与中国的服务性消费［J］．世界经济，2009（3）：14－18.

［4］邓永成．经济转型时期中国居民的消费结构［M］．郑州：河南人民出版社，2002.

［5］樊茂清，任若恩．基于异质性偏好的中国城镇居民消费结构研究［J］．中国软科学，2007（10）：37－46.

［6］范叙春．收入增长、消费结构升级与产品有效供给［J］．经济与管理研究，2016（5）：16－24.

［7］乐菡，刘社建．人口转型与消费结构变迁研究［J］．上海经济研究，2017（11）：33－42.

［8］李洪心，高威．中国人口老龄化对消费结构影响的灰色关联度分析［J］．人口与发展，2008（6）：67－72.

［9］李振明．经济转型与居民消费结构演进［M］．北京：经济科学出版社，2002.

［10］林白鹏，欧是．中国消费结构学［M］．北京：经济科学出版社，1987.

［11］林文芳．县域城乡居民消费结构与收入关系分析［J］．统计研究，2011（4）：49－56.

［12］倪红福，李善同，何建武．人口结构变化对消费结构及储蓄率的影响分析［J］．人口与发展，2014（5）：25－34.

［13］商海岩，胡欢欢．供给侧改革视角下城市化拉动服务消费的路径研究［J］．经济与管理评论，2017（6）：14－20.

［14］申广斯，杨振之．中国城镇居民休闲消费变迁及影响因素研究［J］．河南大学学报（社会科学版），2016（2）：44－50.

［15］沈家文，刘中伟．促进中国居民服务消费的影响因素分析［J］．经济与管理研究，2013（1）：53－58.

［16］孙凤，易丹辉．中国城镇居民消费行为演变的制度解释与统计检验［J］．统计研究，1999（3）：45－52.

［17］唐琦，夏庆杰，李实．中国城市居民家庭的消费结构分析：1995－2013［J］．经济研究，2018（2）：35－49.

［18］王晶晶，黄繁华．我国服务业发展滞后和生产率增长悖论的解析——基于服务消费视角［J］．上海财经大学学报，2014（1）：106－112.

［19］徐国祥．人口老龄化与居民消费结构的统计检验［J］．统计与决策，2016（1）：91－94.

［20］杨碧云，张凌霜，易行健．家庭服务性消费支出的决定因素基于中国城镇住户调查数据的实证检验［J］．财贸经济，2014（6）：122－136.

［21］杨圣明．中国消费结构研究［M］．北京：中国社会科学出版社，1986.

［22］尹世杰．社会主义消费经济学［M］．上海：上海人民出版社，1983.

［23］臧旭恒，孙文祥．城乡居民消费结构：基于 ELES 模型和 AIDS 模型的比较分析［J］．山东大学学报（哲学社会科学版），2003（6）：122－126.

［24］张彩萍，白军飞．在外饮食消费决策中的收入效应与时间效应——对北京市居民饮食消费的实证研究［J］．中国软科学，2010（9）：56－65.

［25］张慧芳，朱雅玲．居民收入结构与消费结构关系演化的差异研究——基于 AIDS 扩展模型［J］．经济理论与经济管理，2017（12）：23－35.

［26］张磊，刘长庚．供给侧改革背景下服务业新业态与消费升级［J］．经济学家，2017（11）：37－46.

［27］张秋惠，刘金星．中国农村居民收入结构对其消费支出行为的影响——基于 1997～2007 年的面板数据分析［J］．中国农村经济，2010（4）：48－54.

［28］张翼．当前中国社会各阶层的消费倾向——从生存性消费到发展性消

费［J］. 社会学研究，2016（4）：74－97.

［29］张颖熙，夏杰长. 以服务消费引领消费结构升级：国际经验与中国选择［J］. 北京工商大学学报（社会科学版），2017（11）：126－134.

［30］张颖熙. 中国城镇居民服务消费需求弹性研究——基于 QUAIDS 模型的分析［J］. 财贸经济，2014（5）：127－135.

［31］周弘. 住房按揭贷款如何影响家庭消费结构［J］. 统计研究，2012（7）：44－48.

［32］邹红，喻开志. 收入结构视角下扩大居民服务消费的实证研究——基于广东省城镇住户调查数据［J］. 财经科学，2013（5）：105－114.

［33］Aguiar M，Bils M. Has Consumption Inequality Mirrored Income Inequality?［J］. The American Economic Review，2015，105（9）：2725－2756.

［34］Arranz M. Forecasting Private Consumption Structure in European Countries：SKIM Model Results and Comparison with other Approaches［J］. First Published，1996，Updated 2002：1996：1－31.

［35］Atkinson A B，Gomulka J，Stern N H. Spending on alcohol：Evidence from the Family Expenditure Survey 1970－1983［J］. Economic Joural，1990，100：808－827.

［36］Banks J，Blundell R，Lewbel A. Quadratic Engel Curves and Consumer Demand［J］. Rev Econ Statist，1997，79：527－539.

［37］Brozozowski M，Gervais M，Klein P. Consumption，Income and Wealth Inequality in Canada［J］. Review of Economic Dynamics，2010，13（1）：52－75.

［38］Cohen P N，Replacing Housework in the Service Economy：Gender，Class and Race－Ethnicity in Service Spending［J］. Gender & Society，1998，12（2）：219－231.

［39］Deaton A，Muellbauer J. An almost Ideal Demand System［J］. The American Economic Review，1980，70（3）：312－326.

［40］Ferrer H S，Dardis R. Determinants of Household Expenditures for Services［J］. Journal of Consumer Research，1991，17（4）：385－397.

［41］Freitas N. E. M.，Martins J. O. Consumption Structure，Welfare Goods and Retirement Income：Linking the Aging Puzzles［J］. Social Science Research Network，2009（3）：1－25.

［42］Hausman J A，Newey W K，Powell J L. Nonlinear Errors in Variables：Estimation of Some Engel Curves [J] . J Econ, 1995, 65: 205 - 233.

[43] Jappelli T, Pistaferri L. Does Consumption Inequality Track Income Inequality in Italy? [J] . Review of Economic Dynamics, 2010, 13 (1): 133 - 153.

[44] Lewbel A. The Rank of Demand Systems: Theory and Nonparametric Estimation [J] . Econometrica, 1991 (59): 711 - 730.

[45] Luch C. Consumer Demand Systems and Aggregate Consumption in the USA: An Application of the Extended Linear Expenditure System [J] . Canadian Journal of Economics, 1975, 8 (1): 49 - 66.

[46] Lührmann M. Population Aging and the Demand for Goods and Services [R] . Mea Discussion Paper, Series 05095, 2005.

[47] Ma H Y, Huang J K, Fueller F, Rozelle S, Getting Rich and Eating Out: Consumption of Food away from Home in Urban China [J] . Canadian Journal of Agricultural Economics, 2006, 54 (1): 101 - 119.

[48] Machado C S, Female Labor Force Participation and Household Expenditure Patterns [J] . Economic Global E Gestao, 2007, 12 (2): 35 - 51.

[49] Melanie Luhrmann. Population Aging and the Changing Composition of Consumption Demand, European Community' s Human Potential Programme under Contract HPRN - CT - 2002 - 00235.

[50] Militiades N. Ageing on Consumption Structure: A Panel Data Analysis [J] . Social Science Research Network, 2012 (12): 1 - 26.

[51] Min L, Fang C, Li Q. Investigation of Patterns in Food - away - from - home Expenditure for China [J] . China Economic Review, 2004, 15 (4): 457 - 476.

[52] Miyazawa K. Input - Output Analysis and the Structure of Income Distribution [M] . New York: Springer Science & Business Media, 2012.

[53] Mocan H N, Tekin E, Zax J S, The Demand for Medical Care in Urban China [J], World Development, 2004, 32 (2): 289 - 304.

[54] Najat El - Mekkaoui de Freitas, Joaquim Oliveira Martins. Consumption Structure, Welfare Goods and Retirement Income: Linking the Aging Puzzles [J]. Social Science Research Network, 2009 (3): 1 - 22.

[55] Pugno. The Service Paradox and Endogenous Economic Growth [J] . Structural Change and Economic Dynamics, 2006, 17 (1): 99 - 115.

[56] Song L. In Search of Gender Bias in Household Resource Allocation in Rural China [J]. IZA Discussion Papers, No. 3464, 2008.

[57] Stone R. Linear Expenditure System and Demand Analysis: An Application to the Pattern of British Demand [J]. The Economic Journal, 1954, 64 (255): 511 - 527.

[58] Tansel A, Bircan F. Demand for Education in Turkey: A Tobit Analysis of Private Tutoring Expenditures [J]. Economics of Education Review, 2006, 25 (3): 303 - 313.

[59] Tomáš Cahlík, Tomáš Honzá K, Jana Honzá Ková, Marcel Jiřina, Natálie Reichlová. Convergence of Consumption Structure [J]. Working Paper UK FSV - IES, 2005.

[60] Viera Kollárová, Anna Vladová, Národná banka Slovenska. The Structure of Private Consumption in Slovakia and a Comparison with European Countries [J]. Macroeconomic Development, 2009, 17 (8).

[61] Wagner J, Lucero - Campins L. Social Class: A Multivariate Analysis of Its Effect on Expenditures for Household Services [J]. Journal of Consumer Studies & Home Economics, 1988, 12 (4): 373 - 387.

[62] Wang H, Mok C F J, Fox J. Food Expenditure Patterns of Elderly Consumers: A Question of Time Allocation [J]. Journal of the Family Economics and Resource Management, 1995 (1): 185 - 191.

[63] William J Baumol. The Cost Disease: Why Computer Get Cheaper and Health Care Doesn't [M]. Connecticut: Yale University Press, 2012: 101 - 122.

[64] Zheng Z H, Henneberry S R. An Analysis of Food Grain Consumption in Urban Jiangsu Province of China [J]. Journal of Agricultural and Applied Economics, 2010, 42 (2): 337 - 355.

第四章　中国消费结构升级与服务消费崛起

——基于宏观视角的研究

第一节　中国城乡居民服务消费趋势分析

消费结构升级包含支出结构升级和消费品质升级两个方面，既包括各类消费支出在消费总支出中的比重变化，也包括消费层次提高的过程。这种变化直接反映了一个国家和社会的消费水平和发达程度。下面我们从这两个方面探讨消费结构升级的现状与趋势。

一、从消费总量看服务消费趋势

消费支出结构升级反映了生活必需品消费和非生活必需品消费在消费结构中的比重变化。从恩格尔系数来看，改革开放以来，中国城乡居民家庭的恩格尔系数均呈现下降趋势。城镇居民家庭的恩格尔系数从 1995 年的 50.1% 下降到 2018 年的 27.7%，农村居民家庭恩格尔系数从 1978 年的 67.7% 下降到 2018 年的 30.1%（见图 4－1）。这说明中国居民消费已不再仅仅是以保障基本生活为主的消费，而逐渐扩展到教育培训、健康管理、金融、旅游等各个环节的生活性服务，服务型消费在不断增长。

从服务消费支出及其占总消费支出的比重来看，1995 年以来，城乡居民家

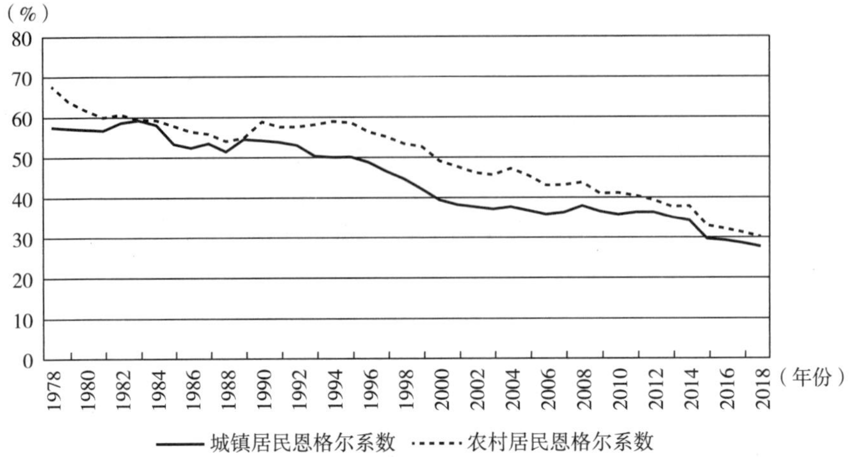

图4－1　1978～2018年中国城乡居民家庭恩格尔系数

资料来源：Wind资讯“全国宏观数据库”。

庭的服务消费①逐步增长，城镇居民家庭人均年服务消费支出从1995年的624.4元上涨到2017年的7945.5元，农村居民家庭人均年服务消费支出从1995年的178.63元上涨到2017年的3739.1元；服务消费支出的比重分别从1995年的17.6%上涨到2017年的32.5%和1995年的13.6%上涨到2017年的34.1%（见图4－2）。从消费总量来看，城镇居民家庭的服务消费水平是农村家庭的两倍多，城乡居民家庭服务消费水平差距在缩小。

二、从消费内部结构看服务消费趋势

从服务消费内部结构来看，对城镇居民家庭来说，交通通信领域的消费支出上涨最为明显，占总消费支出的比重从1995年的5.2%上升到2018年的13.6%，上涨了至少8个百分点（见图4－3）；对农村家庭来说，交通通信和医疗保健两大领域的消费支出上涨最为突出，交通通信占总消费支出的比重从1995年的2.6%上涨到2018年的13.8%，上涨了11个百分点；医疗保健支出从1995年的3.2%上涨到2018年的9.7%，上涨了6.5个百分点（见图4－4）。这说明，随着

①　依据国家统计局的统计口径，这里的服务消费只包含交通通信、医疗保健、教育和文化娱乐服务四大项。因“食品”支出项中的“在外用餐服务”、“衣着”支出项中的“加工服务”、“居住”支出项中的“物业管理服务”和“家庭设备用品及服务”支出项中的“家庭服务”缺乏连续的统计数据，并且这一部分支出相对于总消费支出比重较小，对整体统计结果不会产生较大影响。

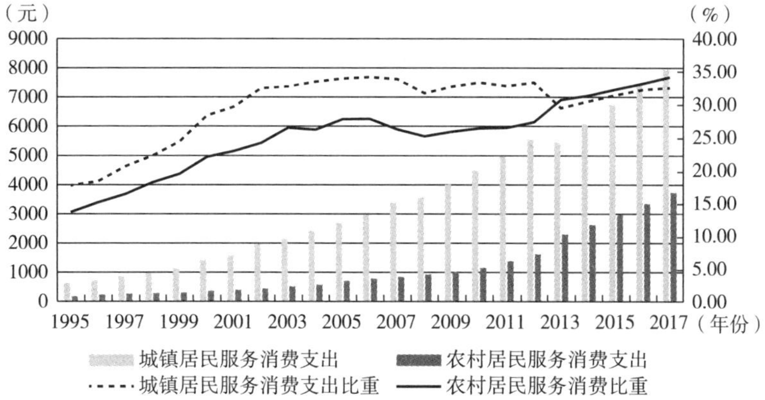

图 4－2 1995～2017 年城乡居民家庭服务消费支出及比重

资料来源：《中国统计年鉴》（1996～2018）。

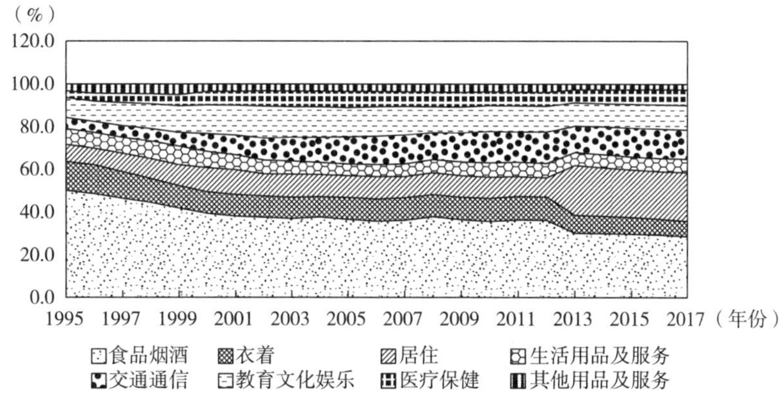

图 4－3 1995～2017 年城镇居民家庭人均年消费支出结构

资料来源：《中国统计年鉴》（1996～2018）。

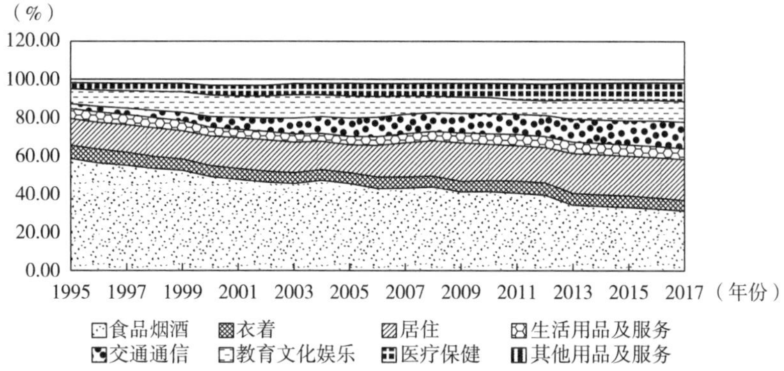

图 4－4 1995～2017 年农村居民家庭人均年消费支出结构

资料来源：《中国统计年鉴》（1996～2018）。

经济发展，交通基础设施的日益完善以及居民收入水平的不断提高，城乡居民在交通出行方面的开支显著增加。由于城市基础设施和公共服务更加完善，城镇家庭在教育和文化娱乐方面的支出增长相对显著，而对农村居民来说，随着新农合的广泛覆盖，极大地释放了农村居民的看病需求。

总之，随着收入水平的不断提高、城镇化进程的加快、“互联网＋”对行业的渗透以及社会保障程度的日益提高，未来中国服务消费支出将持续增长。据麦肯锡预测，到2020年，中国城乡居民家庭在医疗保健、休闲和文化服务、交通领域的消费支出增长均呈上升趋势（见表4－1）。

表4－1　2000～2020年中国家庭各类消费品增长率　　（单位：%）

	2000年	2010年	2020年（预测）
食品	43	28	20
服装	8	12	10
医疗保健	6	9	10
家具产品	6	6	5
住房及公用事业	12	10	12
个人用品及服务	3	4	5
休闲娱乐用品	2	5	8
休闲和文化服务	2	3	4
教育	10	5	5
交通	3	7	13
通信	4	9	8

资料来源：麦肯锡研究报告：《“会面”2020中国消费者》。

三、从消费品质升级角度看服务消费新趋势

消费品质升级表现为消费者用于自身发展、休闲享受型服务消费的比重、内容方式不断增多，居民消费质量不断提高。进入服务消费阶段，消费者的购物习惯日益呈现碎片化、个性化和体验化趋势。消费者越来越注重生活品质及消费体验，体现在消费支出上就是用于医疗美容、文化旅游、休闲娱乐和体育健身领域

的支出逐渐增加。以体育行业为例，近年来体育行业开始成为城市中产阶级追求的一种时尚生活方式，从最初的强身健体的基础认知上升到追求自我完善的生活方式。特别是社交平台的出现，让人们更乐于展示自己，在展示的分享中，使运动成为一种时尚追求。调查数据显示，近六成消费者会在社交平台晒出运动时的照片，“强身”“爱秀”和“观察”成为体育消费人群的三大标签。① 研究发现，体育人群相对来说具有高学历、高收入和高职位的特点，其家庭月收入达到10699元，比非体育人群高出36个百分点；67%持有本科以上学历，其中接近三成是企业管理层人员。② 从宏观角度来考察体育行业，2015年，我国体育总产值1.7万亿元，产业增加值占当年GDP比例为0.8%，远低于全球平均值（见图4－5）。国家体育“十三五”规划提出，到2020年，我国体育产业总规模超过3万亿元，体育产业增加值的年均增长速度明显快于同期经济增长速度，在国内生产总值中的比重达到1%，体育服务业增加值占比超过30%。体育消费额占人均居民可支配收入比例超过2.5%。

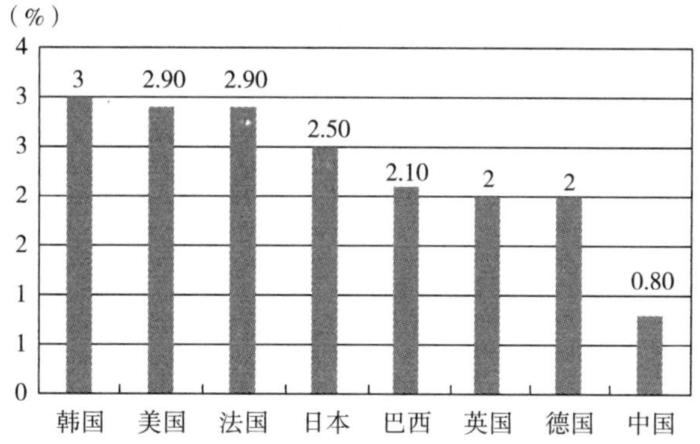

图4－5 各国体育产业增加值占GDP比例

资料来源：中国体育产业数据来源于国家统计总局，http：//www.stats.gov.cn/tjsj/zxfb/201612/t20161227_1446406.html；其他国家体育产业数据基于2013年统计，数据来源于长江证券研究报告“体育产业深度研究之一：爆发点已至，掘金当选赛事运营”，2017年1月19日。

① 尼尔森.2015年中国体育人群调查研究报告［EB/OL］.（2015－12－10）［2017－02－20］.http://www.199it.com/archives/415989.html.

② 信达证券.产品消费稳健成熟，服务消费高速增长［EB/OL］.（2016－06－28）［2017－02－26］.http：//www.199it.com/archives/489224.html.

第二节 制约服务消费扩张的因素分析

虽然中国居民消费存量拓展和增量优化的空间巨大，但近年来居民消费支出的增速却在持续走弱，居民消费增长的动能有所衰减，为此，有人认为消费升级似乎有演变为消费降级的风险。例如，2017 年居民最终消费增速由上年的 10.3% 以上跌落至 8.2%，而同期名义 GDP 增速却由 7.9% 回升至 11.2%。也就是说，在经济反弹之际，居民消费增速反而出现了明显回落。与之对应，人均消费性支出增速亦出现明显下降，2018 年第一季度城镇居民消费性支出同比增长 5.7%，回落至历史低点。① 在经济结构转型和供给侧改革的大背景下，当前我国消费的不景气和消费扩张动力不足的制约因素主要有以下几个方面：

一、服务消费有效供给不足

导致我国服务消费和发达国家差距较大以及其扩张动力不足的主要原因在于优质服务消费有效供给不足。

首先，从医疗保健服务供给来看，2017 年我国每千人拥有的医师数、护士数分别为 2.44 名和 2.74 名，远低于 OECD 国家平均 3.2 名和 8.7 名的水平②；其次，从养老供给来看，超过 40% 的养老床位是社区留宿和日间照料床位，按照“9064”模式计算，至少存在 207 万张缺口，养老服务供给总量严重不足；③最后，从文化服务供给来看，2017 年全国文化及相关产业增加值为 34722 亿元，占 GDP 的比重为 4.2%，低于 5.3% 的世界平均水平和美国 11.3%、韩国 9.8% 的水平。文化产品内容相对单一，文化服务形式比较简单，难以满足快速增长的多样化需求。④

二、过度加杠杆购房对服务消费存在挤出效应

居民消费支出增速回落可能源于近年来居民过度加杠杆购房抑制了居民消费增

① 相关数据来源于 Wind 资讯“中国宏观数据库”。

② 数据来源于《中国统计年鉴》(2018)。

③ 数据来源于《2017 年社会服务发展统计公报》。

④ 李昌禹. 中国文化消费潜在规模约 4.7 万亿实际规模仅约 1 万亿［N］. 人民日报，2013 - 11 - 13.

长。居民消费支出与加杠杆之间具有高度的负相关性，即当居民加杠杆过快时，往往伴随消费支出增速的回落，而当居民加杠杆较慢时，消费支出增速反而较快。[①]

作为低流动性资产的重要组成部分，住房资产的财富效应得到了大量研究的证实（Campbell & Cocco，2007）[②]。但是一些针对中国家庭的研究却发现，住房资产的财富效应不显著，且将其归因于消费属性（李涛和陈斌开，2014[③]；余新平和熊德平，2017[④]）。臧旭恒和张欣（2018）[⑤] 对中国家庭财富水平高与消费需求相对不足共存现象进行解释。一方面，有房消费者家庭资产中住房资产占比高，但高资产对高流动性产生了挤出作用，抑制了平滑消费的能力，无法实现跨期最优。另一方面，无房消费者在不确定性的影响下，主动积累财富导致其高流动性资产中预防性储蓄比例较高。财富中预防性储蓄所占比例越高可用于当期消费平滑的资产越少，从而加剧了流动性约束程度。

三、企业盈利空间趋于回落，居民收入随之放缓

近期，国家审议通过了《关于完善促进消费体制机制进一步激发居民消费潜力的若干意见》和《完善促进消费体制机制实施方案（2018－2020 年）》，强调从供需两端发力，积极培育重点消费领域细分市场，完善促进消费体制机制，提升居民消费能力，切实增强消费对经济发展的基础性作用。然而旨在减轻居民税负的个人所得税修订草案和税收递延也正在不断完善和落实之中，从而有助于提高居民的可支配收入，增加消费性支出。此外，中央还在持续强化房地产市场调控，遏制居民加杠杆购房行为，逐步减轻房地产市场对消费领域的挤出效应。

第三节 加快中国服务消费增长的动力因素分析

关于促进消费结构升级和服务消费增长的因素，国内外学者做了大量的理论

---

① 数据来源 Wind 资讯“中国宏观数据库”。

② Campbell J Y，Cocco J F．How Do House Prices Affect Consumption? Evidence from Micro Data ［J］．Journal of Monetary Economy，2007，54（3）：591－621.

③ 李涛，陈斌开．家庭固定资产、财富效应与居民消费：来自中国城镇家庭的经验证据［J］．经济研究，2004（3）：62－75.

④ 余新平，熊德平．城镇居民住房资产对家庭消费的财富效应［J］．管理世界，2017（6）：168－169.

⑤ 臧旭恒，张欣．中国家庭资产配置与异质性消费者行为分析［J］．经济研究，2018（3）：21－34；23－36.

和实证研究。总体来说，收入、人口年龄结构和技术进步是影响服务消费的重要因素。第一，从收入因素来看，无论是凯恩斯的“绝对收入假说”，还是杜森·J. 贝利的“相对收入假说”（1949），抑或是弗里德曼的“持久收入假说”，毫无疑问，以往经典消费理论一致认可“收入是影响消费的核心因素”。Dardis 等（1981）① 基于美国调查数据研究发现，家庭收入对服务消费支出存在显著正影响；Kollárová 等（2009）② 的研究发现，斯洛伐克家庭消费结构主要受收入和经济发展水平的影响。国内学者孙凤和易丹辉、林文芳、陈建宝和李坤明、邹红和喻开志、杨碧云等利用中国数据的实证研究均发现收入或收入差距对居民服务消费有显著的影响。第二，从人口因素来看，一个社会消费结构也会随着人口年龄结构的变化而改变。Melanie Lührmann（2005）③ 分析人口老龄化如何影响德国消费结构需求时发现，人口老龄化使得必需品支出下降，住房和休闲产品的消费支出显著增加。国内学者李洪心和高威、夏杰长和齐飞、倪红福等、冷建飞和黄施、徐国祥和张忠根等的研究发现，人口年龄结构变化对消费结构有显著影响，特别是少儿抚养比的下降和老年抚养比的提高增加了对服务消费的需求，促进了消费结构升级。第三，从技术创新角度来看，以创新和技术进步为代表的互联网技术是助推消费升级的外部动力。近年来，互联网技术在生产和流通领域的广泛应用为消费升级提供了广阔的空间。国内学者杜丹清详细探讨了互联网技术助推消费升级的内在机理。第四，从外部宏观政策环境来看，政府宏观政策的大力支持和培育引导也是促进消费升级的又一外生动力。综合以往研究，本书将围绕收入增长、人口年龄结构、互联网商业模式创新和宏观政策扶持四个方面，结合国内当前形势，阐述加快中国服务消费增长、促进消费结构升级的驱动因素。

一、收入水平提升，中产阶级迅速崛起

收入是消费的前提，收入水平的高低决定着消费能力的高低，并直接影响着居民的消费信心、消费欲望和消费潜能。我国居民的人均可支配收入从 2003 年到 2018 年呈现直线上升的趋势。城镇居民人均可支配收入从 2003 年的 8472 元上升到 2018 年前三季度的 29599 元，农村居民家庭人均纯收入从 2003 年的 2622

---

① Dardis, R, Derrick, F, Lehfeld, A, Wolfe, K E. Cross – Section Studies of Recreation Expenditures in the United States ［J］. Journal of Leisure Research, 1981, 13 (3): 181 – 194.

② V. Kollárová, H. Solčánska, NB Slovenska, Development of the Real Economy in the First Quarter of 2009. Macroelonomic Development, 2009, 17: 6 – 15.

③ Melanie Lührmann, Population Aging and the Demand for Goods & Services, Research Gate, 1 – 42.

元上升到2018年前三季度的10645元。[①] 考虑到我国城乡二元化结构明显，城镇居民和农村居民在绝对水平上还相差较大，目前城镇居民人均可支配收入是农村居民的近3倍。农村居民增收潜力巨大，加快提升城乡居民收入水平，缩小城乡差距，将为我国消费升级提供持久动力。

中产阶层是发达国家经济持续发展的重要支撑，对人均GDP向更高阶段跨越发挥着至关重要的作用。随着居民收入水平的稳定增长，我国的中产阶级正在迅速崛起。根据麦肯锡的报告，2000年中国的城市中还只有4%的家庭属于中产阶级，到2012年，这一比例上升至68%，预计到2022年将增至6.3亿人，占城市家庭总量的76%，占全国人口数量的45%。[②] 中产阶层拥有稳定的收入和相对宽裕的经济生活条件，对追求高品质生活有着强烈的欲望，也愿意为优质产品和服务支付溢价。因此，中产阶级表现出的消费能力、消费欲望以及日益增大的群体规模，将成为消费升级的重要驱动力。

二、减税降费激发经济活力，增强消费能力

减税降费通过推动经济结构转型、支持实体经济发展，有力地促进了消费增长的动力和活力。减税降费主要包括降低企业税费、降低部分商品进口关税和营改增试点扩围三个方面。

在小微企业减税降费方面，从2015年1月1日起，小型微利企业减半征收企业所得税的范围由年应纳税所得额10万元以内提高到20万元以内，同时继续执行小微企业增值税、营业税，起征点由月销售额2万元提高到3万元的政策；从2015年10月1日起，将减半征收企业所得税优惠扩大到了所有的小微企业，由年应纳税所得额20万元以内提高到30万元，将增值税和营业税免税优惠的执行期限延长至2017年底；另外，增值税小规模纳税人的征收率统一降低至3%；对农户小额贷款的营业税免税和企业所得税征税优惠范围由5万元提高到10万元。减税降费减轻了企业负担，促进新兴产业发展，增强产品与服务供给能力，通过创业保障就业与消费，促进收入分配结构调整，增强了消费能力。据统计，2015年全年支持“大众创业、万众创新”共减免税3000亿元以上。[③]

在降低部分商品进口关税方面，2015年两次下调进口关税，部分国际品牌

---

① 数据来源于财新网财新数据，http：//economy. caixin. com/2018 - 10 - 19/101336874. html。

② 麦肯锡．下一个十年的中国中产阶级——他们的面貌及其制约因素［R/OL］．（2014 - 07 - 01）［2017 - 02 - 26］．https：//wenku. baidu. com/view/01f917e1ec3a87c24128c45c. html.

③ 去年支持创业创新减免税超3000亿元［N］．经济日报，http：//finance. sina. com. cn/roll/2016 - 01 - 18/doc - ifxnrahr8436514. shtml，2016 - 01 - 18.

频频降价，促进消费回流效果渐显；2015 年，我国先后降低部分服装、鞋靴、护肤品等日用消费品的进口关税税率和先进设备、重要商品等的进出口关税。通过下调进口关税、个税优惠、降低社保等途径直接减轻消费者的税务负担，减少消费者在税收方面的支出，进而增强消费者对商品和服务的购买能力。

在营改增试点扩围促进服务业发展方面，释放营改增试点范围扩大，涉及生活服务业、建筑业和不动产、金融保险业等行业，近 1000 万户纳税人。截至 2015 年 6 月底，全国纳入营改增试点的纳税人共计 509 万户，营改增共减税 1102 亿元。营改增政策促进服务业快速发展，增加服务有效供给，促进服务消费提升。①

三、人口老龄化加深，“80 后”“90 后”成为新一代消费主体

人口因素能够决定消费结构升级的强度和持久度。我国人口年龄结构的突出特点表现在人口老龄化程度加深和以“80 后”“90 后”为代表的新一代消费主体崛起两个方面。

据调查，2015 年中国 60 岁以上的人口比重达到 15.2%，预计到 2050 年 60 岁以上人口比重将达到 36.5%。② 随着老龄人口的上升，势必对养老服务、家政服务和医疗保健等服务的消费需求日益增加。居家养老是中国目前普遍接受、切实可行的主要养老模式。大多数有自理能力的老人都愿意选择居家养老，并乐意生活在一个正常的社区环境里，对自己的生活区域有一定程度的掌控。这样的生活习惯在需求层面表现为老人第一需要的不是养老院式的集中养老，而是能够 24 小时不间断的、有效的支持服务体系，需要的时候可以随叫随到的家政、医疗、保健、社交活动等相关服务。

20 世纪 80 年代和 90 年代出生的第二代婴儿潮人口取代第一代婴儿潮，逐渐开始成为社会生产和消费的中坚力量。“80 后”正处于结婚、买房、生子的人生阶段，对住房、早教、家庭服务等领域的消费需求较大。然而“90 后”这一代目前年龄为18～27 岁，他们的父母往往有一定的财富积累，而且随着步入职场人数的增加，这一群体的消费能力将进一步增强。研究表明，“90 后”人口总数比“80 后”缩减了 23%，但“90 后”的平均消费倾向达到 88%，相比之下，

① 中国贸促会研究院．供给侧改革加速消费结构升级——2015/2016 年中国消费市场发展报告［R/OL］．（2016－05－26）．www.199it.com/archives/476738.html.

② United Nations. World Population Prospects：Key Findings and Advance Tables［J］．World Population Prospects，2015，53（9）：1689－1699.

“80 后”家庭的平均倾向为 74%，而全国平均水平为 77%。[①] 与此同时，追求个性和自我感受使得“90 后”更容易为情感互动和价值认同买单，从而带动文化娱乐、社交媒体等领域的消费。

四、农村改革和新型城镇化催生了“新市民”群体

2017 年，我国农民工总量达到 28652 万人，其中，外出农民工 17185 万人，本地农民工 11467 万人。在外出农民工中，进城农民工 13710 万人，比上年增加 125 万人，增长 0.9%。从收入水平来看，2017 年，农民工月均收入 3485 元，其中外出务工农民工月均收入 3805 元。[②]

中国的城镇化进程已经进入由生产方式的城市化向生活方式的城市化转变的阶段。在这个过程中产生一个新的群体，即“新市民”。所谓“新市民”是指从农村进城务工或生活的人员、农村区域转为城市区域后形成的新城市居民的集合。农民的市民化进程是让世世代代生活在农村的广大农民，离开土地和农业生产活动，进入城市从事非农产业，其身份、地位、价值观念及工作方式和生活方式向城市市民转化的经济社会过程。农民工作为“新市民”的典型群体，是推动新型城镇化的主力。职业和身份的非农化及其附带的福利保障，使得新市民们的生产方式、生活空间发生巨大变化。由此，带动其生活方式的现代化意味着，新市民在固定资产、耐用消费品、品牌消费、新兴消费及服务方面的需求将会有强劲的增长。

按照《国家人口发展规划（2016—2030 年）》，2030 年全国总人口预期发展目标为 14.5 亿人，常住人口城镇化率达到 70%，意味着 2030 年城镇居民达到 10 亿人，比 2016 年增加 2.2 亿人。如果 2016 ~ 2030 年户籍人口城镇化率维持每年 1 个百分点的上升速度，那么 2030 年户籍人口城镇化率将达到 55%，2030 年城镇户籍人口将达到 8 亿人，2.3 亿“新市民”将在城镇落户。市民化加速带动消费需求，随着户籍、社保、土地、财税制度改革的进一步推进，城镇化率进一步提升和市民化速度加快将促进居民收入增长和收入分配改善，带动消费需求增长。

---

① 中金公司．不一样的消费升级——可选消费篇［R/OL］．http：//www.3mbang.com/p－186405.html，2016－10－26.

② 数据来源于国家统计局：2017 年农民工监测调查报告，2018 年 4 月 27 日。

五、“互联网+”商业模式创新，助推消费升级

信息化时代，技术进步与创新在推动消费升级中的作用与日俱增。“互联网+”助推消费升级主要体现在以下两个方面：

一是消费对象升级，即消费结构从生产型向发展型，进而向享受型转变，由此引发服务性消费占比大幅提高，这是消费升级的核心。互联网技术的出现与普及，提升了研发、生产、流通等各个环节的效率，降低了服务提供的成本，改善了传统服务行业的服务深度和质量，刺激了服务消费需求。在互联网工具的有效改造下，一系列生活服务，诸如打车、点餐、蔬果外卖、上门洗衣、找家教，甚至定制家装等一系列新兴消费方式，都已是触“网”可及，极大地满足了人们的日常生活需求，令消费市场蕴藏的巨大潜力得以充分释放。

二是消费体验升级，即人们消费的互动性、个性化和智能化程度越来越高。目前越来越多的行业通过互联网改造消费体验、培养用户习惯。“互联网+”能将商品消费延伸到服务消费，从而拉动整个消费增长。例如，“互联网+专车”使人们的出行更为便利，“互联网+医疗”使公众的看病过程大大简化，“互联网+金融”使消费更加便捷。在互联网时代，商品消费者与生产者之间的沟通迅速而直接，生产者能够敏锐地发觉消费者的消费偏好。在大数据分析的支撑下，可以提前预知消费者未来的个性化消费需求，甚至可以实现私人定制。

六、国家重视扩大消费需求，宏观政策积极引导

当前中国经济进入结构性减速和新常态时期。在这样的背景下，为保持经济稳定持续增长，提高增长质量与效率，政府将消费需求的重要性提到前所未有的高度，特别强调要发挥新消费的引领作用，从而促进消费升级，创造新的空间。2015 年下半年，国务院同时印发了《关于积极发挥新消费引领作用加快培育形成新供给新动力的指导意见》和《关于加快发展生活性服务业促进消费结构升级的指导意见》。关于“新消费”的文件中，将服务消费列于消费升级的第一重点领域，引导教育培训、医疗保健、养老、文化创意、旅游服务相关产业、基础设施和公共服务投资迅速成长，扩展未来发展空间。关于“生活性服务业”文件中，强调要重点发展居民和家庭、健康、养老、旅游、体育、文化、法律、批发零售、住宿餐饮、教育培训等贴近服务人民群众生活、需求潜力大、带动作用强的生活性服务领域，推动生活消费方式由生存型、传统型、物质型向发展型、现代型、服务型转变。2017 年，商务部发布的《居民生活服务业“十三五”规

划》中再次明确提出了“加快构建多层次、全方位的居民生活服务体系，扩大服务消费，促进消费结构升级”的目标。可以预见，在外需不足、投资低迷的大背景下，以培育服务消费为主的“新消费”，引领消费升级的这条政策主线在未来较长的一段时间内都不会改变，甚至还有可能加强和不断完善。

第四节　服务消费新特点

著名的马斯洛需求层次理论中提到，消费者对商品和服务的需求受其所处阶段特有的技术水平、商业业态、消费环境等因素制约。随着技术和收入水平的提高，消费者的需求从满足温饱、基本需求转向满足享受型、服务型的需求。[①] 在新经济下，服务消费由大众化、同质化向多元化、差异化方向转变。新经济赋予了服务消费全新的内涵和表征。总体来说，服务消费呈现出便捷化、个性化、品质化、体验化、社交化和价值化六大特征。

一、便捷化

新经济极大地改善了消费环境，为生产者节约成本、提供服务、提高效率的同时，为消费者减少了搜寻成本、节省了时间。在生产性服务领域，互联网技术通过支付、仓储、物流和售后等环节的改造，大大提高了服务消费的便利化程度；在消费性服务领域，以教育、旅游服务为代表的传统服务消费逐渐由线下转移到线上，极大地满足了消费者的需求。以在线教育为例，很多在线教育平台利用移动设备触感、语音输出等功能性优势，为用户提供了个性化学习场景，让学习者足不出户即可接受“面对面”的交流互动体验。传统餐饮企业也纷纷“触网”，众所周知的生活服务 APP，如美团、大众点评、盒马鲜生等专业化电商，开辟了美食搜索、点餐、配送、评价等一体化服务，让消费者无须到店即可享受到各地美味。不仅如此，这些综合性服务平台通过细分市场，拓展服务边界，开拓了生鲜、水果、商超及医药等品类及服务，其丰富度几乎覆盖了消费者一整天的使用场景，使用户需求得到极大满足。

① 张颖熙，夏杰长．以服务消费引领消费结构升级：国际经验与中国选择［J］．北京工商大学学报（社会科学版），2017（6）：126－134.

二、个性化

相对于传统的大众化、普遍性的需求，新经济下的服务消费展现出了个性化、小众化的特点。所谓“个性化”就是消费者思考的视角越来越独立，喜欢追求自我和有趣的灵魂。特别是对“95 后”出生的新一代消费群体，追求新鲜、偏爱个性、大胆尝试是他们的显著特征。个性化需求推动了互联网原创经济发展，在产品多元、选择多样的当下，那些有故事、有理念、有个性、有设计感的原创品牌特别受到年轻消费者的喜爱。他们通过选择符合自己审美、理念、生活方式的产品或者品牌来表达自我。例如，在音乐方面，“95 后”喜欢改变和创新传统剧目，琵琶版周杰伦的《告白气球》、古筝版陈粒的《光》、唢呐版 MC 梦珂的《惊雷》等成为最受欢迎的改编歌曲。以满足消费者的个性化设计服务为互联网时代商业模式的主流。

三、品质化

健康、高颜值、高性价比成为消费品质化的重要特征。消费品质化意味着消费者对产品的需求和定位不只是高端、品牌，也不再只是价格高低。相当多的消费者认为“价值好、服务优”才是更重要的方面。因此，高性价比、物有所值、宁缺毋滥成为消费的新标准。消费品质化转变与移动社交的兴起密不可分。各种移动社交相继出现，从微博、微信到短视频、直播，这些社交媒体加强了人与人之间的联系和可视度，让“美”“颜值”成为一种重要的社交资产，带动了以颜值为切入点的商品与商业模式的迅速发展，引爆了颜值经济。当下最为火爆的网红——薇娅、李佳琦利用直播平台带货，吸引了几千万年轻粉丝。热爱美、追求品质是由人类更高阶的需求所驱动，它改变了人们的生活方式，塑造了新的价值观和消费方式。

四、体验化

消费者的尊贵体验感是服务消费的重要特征。体验化强调的是消费者的参与性更强。在新经济时代，消费者从被动消费逐渐转变为主动参与，消费者可以深度参与到产品和服务的设计、生产和消费等所有环节。例如在信息消费中，消费者通过互联网扮演着小米产品的产品经理、测试工程师、口碑推荐人、梦想赞助商等各种角色，全面介入小米产品的制作过程中。强烈的体验感使得消费者对产品和服务具有评价权和选择权，最终赋予其在全价值链活动中的话语权。深度体验和深度参与一方面有助于消费者更好地保护自身的权益，让消费价值最大化；另一方面也驱动商家必须要了解消费需求，倒逼生产者从单纯“卖产品”思维向“卖服务”思维转变。

五、社交化

移动电商发展使得消费的社交化成为一道独特、亮丽的风景线。在社交媒体时代，以抖音、快手、小红书为代表的短视频和直播平台利用社交化手段，吸引了大量粉丝，使得消费者将大量闲暇时间用于网络社交，产生用户黏性。特别是年轻的消费群体对网红主播、网络大 V 等有较强的依赖。波士顿咨询公司曾预测，到 2020 年，中国的消费市场将达到 6.5 万亿美元的规模，其中一半以上的消费额是年青一代（30 岁以下的人）创造的，也就是出生在社交媒体时代的人。[①] 社交化的背后反映了消费者基于情感互动和价值认同的新型消费需求。社交网络中形成的圈层效应正在重塑当下的新消费格局，它代表了以“95 后”出生的“Z 世代”构筑的互联网消费时代一个重要而独特的消费特征与消费文化。[②]

六、价值化

上海知名作家三浦展在其《第四消费时代》中提到，消费的第四个阶段，也就是第四消费时代是回归自然、重视共享的消费时代。在这一阶段，消费者不仅关注消费品的外观、价格、性能等有形价值，而且更加在意的是其个性化、体验化、社交化的无形价值。因此，新经济下消费的最高境界即“价值化”。相对于以往的过度消费、享乐消费、炫耀性消费，消费的价值化反映了消费者消费理念更加理性，消费行为更具可持续性。共享经济是消费价值化的最佳体现。在共享经济下，基于互联网、大数据的新型跨时空的资源配置模式改变了生产者与消费者的传统或反馈型线性关系，基于互联网共享平台的线上与线下的资源配置方式使共享经济下的协同、合作、创新和高效等可持续消费理念得以应用。[③]

---

① 李檬．不是消费降级了，是社交消费时代到来了［EB/OL］．虎嗅网，https：//www.huxiu.com/article/261925.html，2018－09－10.

② 托马斯·科洛波洛斯．圈层效应——理解消费主力 95 后的商业逻辑［M］．北京：中信集团出版社，2019.

③ 阳镇，许英杰．共享经济背景下的可持续性消费：范式变迁与推进路径［J］．社会科学，2019（7）：43－54.

参考文献

［1］2017 年中国出境游人数及出境游旅游形式、目的地、客源地分析［EB/OL］．中国产业信息网，www. chyxx. com/industry/201710/572458. html，2017－10－16.

［2］2017 年中国快递业务量、业务收入及快递单价走势分析［EB/OL］．中国产业信息网，www. chyxx. com/industry/201709/568208. html，2017－09－27.

［3］2017 年中国旅客周转量、旅客运输量、货物运输量、运输方式分析及客货运复合增长率分析［EB/OL］．中国产业信息网，www. chyxx. com/industry/2017041518156. html，2017－04－28.

［4］2017 年中国线下迷你 KTV 专题研究报告［EB/OL］．艾媒咨询，http：//www. iimidia. cn/c400/51777. html，2017－05－25.

［5］2018 年我国家政服务行业市场规模、供需情况及发展趋势分析［EB/OL］．华经情报网，https：//m. huaon. com/detail/385935. html，2018－12－07.

［6］李昌禹．中国文化消费潜在规模约 4.7 万亿实际规模仅约 1 万亿［N］．人民日报，2013－11－13.

［7］李涛，陈斌开．家庭固定资产、财富效应与居民消费：来自中国城镇家庭的经验证据［J］．经济研究，2014（3）：62－75.

［8］李檬．不是消费降级了，是社交消费时代到来了［EB/OL］．虎嗅网，http：//www. huxsl. com/artide/261925. html，2018－09－10.

［9］麦肯锡．下一个十年的中国中产阶级——他们的面貌及其制约因素［R/OL］．（2014－07－01）［2017－02－26］. https：//wenku. baidu. com/view/01f917e1ec3a87c24128c45c. html.

［10］尼尔森．2015 年中国体育人群调查研究报告［EB/OL］．（2015－12－10）［2017－02－20］. http：//www. 199it. com/archives/415989. html.

［11］信达证券．产品消费稳健成熟，服务消费高速增长［EB/OL］．（2016－06－28）［2017－02－26］. http：//www. 199it. com/archives/489224. html.

［12］托马斯·科洛波洛斯．圈层效应——理解消费主力 95 后的商业逻辑［M］．北京：中信集团出版社，2019.

［13］杨亮．去年支持创业创新减免税超 3000 亿元［N］．经济日报，http：//finance. sina. com. cn/roll/2016 －01 －18/doc －ifxnrahr 8436514. shtml，2016 －01 －18.

［14］阳镇，许英杰．共享经济背景下的可持续性消费：范式变迁与推进路径［J］．社会科学，2019（7）：43 －54.

［15］余新平，熊德平．城镇居民住房资产对家庭消费的财富效应［J］．管理世界，2017（6）：168 －169.

［16］臧旭恒，张欣．中国家庭资产配置与异质性消费者行为分析［J］．经济研究，2018（3）：21 －34.

［17］中国共享经济发展年度报告 2018［EB/OL］．国家信息中心，www. sicgov. cn/News/7918860. htm，2018 －03 －02.

［18］中国贸促会研究院．供给侧改革加速消费结构升级——2015/2016 年中国消费市场发展报告［R/OL］．（2016 －05 －26）．www. 199it. com/archives/1476738. html.

［19］中金公司．不一样的消费升级——可选消费篇［R/OL］．（2016 －10 －26）［2017 －02 －26］．http：//www. 3mbang. com/p －186405. html.

［20］Campbell J Y，Cocco J F. How Do House Prices Affect Consumption? Evidence from Micro Data［J］．Journal of Monetary Economy，2007，54（3）：591 －621.

［21］Dardis R.，Derrick F.，Lehfeld A. Wolfe K. E.，Cross －section Studies of Recreation Expenditures in the United States［J］，Journal of Leisure Research，1981，13（3）：181 －194.

［22］United Nations. World Population Prospects：Key Findings and Advance Tables［J］．World Population Prospects，2015，53（9）：1689 －1699.

［23］V. Kollarova，H. Solcanska，N. B. Slovenska，Development of the Real Economy in the First Quarter of 2009，Macroeconomic Development，2009，17：6 －15.

第五章　中国城镇居民家庭服务消费行为分析

——基于微观视角的研究

第一节　中国城镇居民家庭服务消费行为分析

随着收入的上涨，我国城镇居民家庭的消费水平日益提高，消费结构不断改善。本书通过运用非线性近似完美需求系统（模型）模拟中国城镇居民家庭服务消费需求弹性特征。实证结果表明，以交通、通信、医疗保健、文化娱乐为代表的服务消费富于弹性，而以教育为代表的服务消费缺乏弹性。这说明，随着收入水平的提高，城镇居民家庭在交通、通信、医疗保健和文化娱乐领域的支出会明显增加。从区域比较来看，我国东、中、西三大区域的服务消费支出弹性存在一定差异，并且这种差异主要体现在教育领域。此外，价格是影响城镇居民服务消费的重要因素，特别是医疗保健服务类支出的价格敏感性最强。结合我国城镇居民服务消费需求特点与变动趋势，建议未来扩大内需、提高居民消费水平的重点应从增加购买力、完善社会保障、改善消费环境等方面着手。

一、引言和文献综述

党的十八大报告明确指出，以改善需求结构、优化产业结构、促进区域协调发展、推进城镇化为重点，着力解决制约经济持续、健康发展的重大结构性问题。所谓需求结构改善，一方面是指提升消费占经济总量的比重，另一方面是指区域和城乡结构差异逐步缩小。随着城乡居民收入水平日益提高，消费需求也将从以基本需求型为主向以发展型和享受型为主转变，即生活必需品消费比重逐步下降，以服务性消费为代表的中高端消费比重不断提高。当前，在面临经济结构转型的巨大压力下我国宏观调控政策应适当转向需求角度，积极释放并合理引导居民的服务消费需求，提高服务消费比重。这不仅对扩大内需起到重要的推动作用，而且有利于促进就业、优化三次产业结构，有利于缓解经济发展的能源和资源的瓶颈制约，更是促进经济社会和人协调发展的必然要求。

本章以中国城镇居民家庭服务消费行为作为研究对象，利用实证方法考察服务消费对价格和收入等经济变量的反应机制，探讨影响城镇居民服务消费行为的主要因素，把握城镇居民服务消费结构特点和变化趋势，为宏观经济政策的制定提供微观的经济分析基础和指导。

综观国内外相关文献，近似理想需求系统模型（Almost Ideal Demand System，AIDS）在研究消费需求领域已被学术界认可并广泛应用。然而模型也有一定的局限性，因为它的前提假设是以恩格尔曲线为线性。为此，许多学者对这个前提假设提出了质疑，认为商品消费支出份额与总消费支出之间应该存在着更为一般的非线性函数关系（Atkinson et al.，1990；Lewbel，1991；Hausman et al.，1995）。Banks 等（1997）对 AIDS 模型进行了扩展，并在其基础上增加了一个二次项，称为二次型近似理想需求系统（Quadratic Almost Ideal Demand System，QUAIDS）。近年来，国内外学者利用 QUAIDS 模型做了大量的应用研究（Abdulai，2002；Gould & Villarreal，2006；Lambert et al.，2006；Obayelu et al.，2009；赵伟，2007；吴蓓蓓等，2012；张玉梅等，2012；马训舟等，2012）。这些研究主要集中在食品消费需求领域，而在服务消费需求领域的应用不多。为此，本章拟从时间和空间角度考察城镇居民的服务消费需求特征，并以医疗保健、交通、通信、教育、文化娱乐五大类服务消费为研究对象，利用 1995～2017 年的省级面板数据，运用 QUAIDS 方法建立中国城镇居民服务消费需求系统，估算并比较东部、中部和西部三大区域城镇居民在不同时期对各种服务消费的支出弹性和需求价格弹性，定量分析收入和价格因素对城镇居民服务消费需求的影响机制。

二、典型事实分析

1. 服务消费支出的总量特征

从服务消费支出总量来看，1995 年以来，我国城镇居民家庭服务消费支出持续上升，到 2017 年人均服务消费支出达 7945.5 元，是 1995 年的 12 倍多；从支出比重来看，服务消费支出占总消费支出比重总体呈上升趋势，特别是“九五”时期上升最快，服务消费支出比重提高了近10个百分点，但进入“十一五”时期以来，服务消费比重趋向平稳且略有下降，“十二五”后，城镇居民家庭服务消费比重又趋于上升态势，到2017年，这一比重为32.5%（见图5-1）。

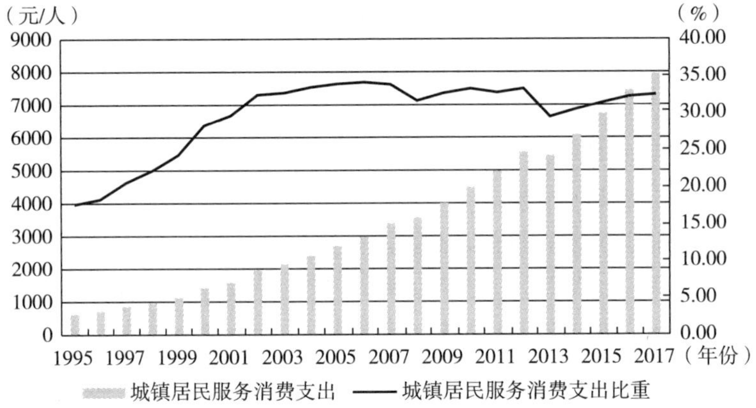

图5-1　1995~2017年城镇居民家庭服务消费支出比重变化趋势

资料来源：Wind资讯“中国宏观数据库”。

2. 服务消费支出内部的结构特征

从服务消费支出内部结构来看，交通通信支出和医疗保健支出上涨得最快。交通通信消费从1995年的人均183.2元上涨到2017年的3321.5元，年均增长14.4个百分点；医疗保健消费从1995年的人均110.1元上涨到2017年的1777.4元，年均增长13.7个百分点。从消费支出的比重来看，交通通信支出、教育文化娱乐支出和医疗保健支出的比重分别从1995年的5.2%、9.4%和3.1%上涨到2017年的13.6%、11.6%和7.3%，其中交通通信和医疗保健支出的比重上涨了1倍多（见表5-1）。

表5-1　1995~2017年城镇居民家庭服务消费支出结构

（单位：元/人,%）

年份	交通通信	教育文化娱乐	医疗保健	交通通信比重	教育文化娱乐比重	医疗保健比重
1995	183.22	331.01	110.12	5.17924683	9.356961539	3.112862465
1996	199.12	374.98	143.28	5.080252788	9.567061021	3.655577639

续表

年份	交通通信	教育文化娱乐	医疗保健	交通通信比重	教育文化娱乐比重	医疗保健比重
1997	232.9	448.39	179.68	5.564262574	10.7125792	4.292772431
1998	257.15	499.39	205.16	5.936591706	11.5289696	4.736345146
1999	310.55	567.05	245.59	6.727817483	12.28468493	5.320511015
2000	426.95	669.58	318.07	8.542416967	13.39695878	6.363945578
2001	493.94	736.63	343.28	9.303806171	13.87509159	6.465988951
2002	626.04	902.28	430.08	10.38229617	14.96348186	7.132480248
2003	721.12	934.38	475.98	11.07551291	14.35092322	7.310465156
2004	843.62	1032.8	528.15	11.74614667	14.38019521	7.353698779
2005	996.72	1097.46	600.85	12.54859698	13.81690269	7.564636505
2006	1147.12	1203.03	620.54	13.19051808	13.8334167	7.135473262
2007	1357.41	1329.16	699.09	13.57753512	13.29496363	6.992669145
2008	1417.12	1358.26	786.2	12.60463317	12.08110043	6.992888814
2009	1682.57	1472.76	856.41	13.71897053	12.00826773	6.982808175
2010	1983.7	1627.64	871.77	14.72521518	12.08214409	6.471241032
2011	2149.69	1851.74	968.98	14.17918077	12.21392675	6.391313439
2012	2455.47	2033.5	1063.68	14.72605779	12.19539987	6.379150694
2013	2317.8	1988.3	1136.1	12.53711968	10.75483435	6.145233266
2014	2637.3	2142.3	1305.6	13.20756607	10.72861214	6.538428794
2015	2895.4	2382.8	1443.4	13.53471326	11.13853518	6.747256035
2016	3173.9	2637.6	1630.8	13.75238855	11.42862095	7.066194663
2017	3321.5	2846.6	1777.4	13.58764574	11.64491716	7.271016568

资料来源：Wind 资讯“中国宏观数据库”。

3. 服务消费支出的区域特征

首先，从三大区域各项服务消费支出总量来看，“九五”时期以来，三大区域城镇居民各项服务消费支出总量均稳步提升（除东部地区、中部地区家庭服务消费支出波动上升，西部地区家庭服务消费支持略有下降之外），东部地区城镇居民人均各项服务消费支出水平明显高于中、西部地区。

其次，从三大区域的各项服务消费支出比重变动趋势来看，体现了由于地区发展阶段差异带来的不同消费服务项目的增速差异。

在医疗保健支出方面，“十一五”期间，东部地区医疗保健的消费支出增长趋缓，而中部地区、西部地区的医疗保健支出比重仍然增加较快。结合“十二五”时期，三大区域的医疗保健支出比重有了明显的提升，特别是对于中、西部经济发展水平相对滞后区域，在医疗保健领域的支出有了更加明显的提高，这说明经济的发展和人均收入水平的提高，释放了居民医疗保健需求，使其相应的支出有了明显增加。

在交通和通信支出方面，西部地区在通信、交通方面的服务消费比重明显高于中部地区、东部地区。

在文化娱乐消费方面，“十一五”期间增长幅度较大，东部地区、西部地区的消费支出比重高于中部地区，到了“十二五”时期，三大区域在文化娱乐消费支出的增长上趋于稳定。

在教育消费方面，中部地区、东部地区的消费支出比重差别不大，西部地区的支出比重最低，其原因在于国家在西部大开发中对西部地区的大量教育投入减轻了西部居民的教育负担（见表5－2）。

表5－2　1996～2010年各地区城镇居民服务消费结构

（单位：元/人，%）

地区	年份	医疗保健		交通		通信		教育		文化娱乐	
		消费额	比重	消费额	比重	消费额	比重	消费额	比重	消费额	比重
东部	1996～2000	256.69	21.81	116.75	8.93	152.59	12.22	296.95	26.30	127.81	10.96
	2001～2005	582.03	25.37	220.55	8.99	388.78	16.87	565.02	24.55	227.92	9.08
	2006～2010	872.20	25.19	419.79	11.05	617.97	17.30	698.64	19.40	496.98	12.89
	2011～2017	1322.9	26.34	760.81	15.72	1022.43	18.69	856.20	20.21	607.20	13.68
中部	1996～2000	179.49	21.79	65.23	7.79	104.11	11.76	240.57	28.67	75.33	9.22
	2001～2005	396.58	25.09	137.60	8.65	279.06	17.81	404.57	25.84	132.35	8.28
	2006～2010	709.22	29.18	235.95	9.72	416.65	17.46	468.63	19.55	278.29	11.48
	2011～2017	982.66	32.58	459.21	10.62	609.29	19.17	692.82	21.33	442.51	12.35
西部	1996～2000	204.18	23.79	164.27	10.25	112.97	12.29	225.36	25.40	93.54	10.64
	2001～2005	412.00	24.64	176.94	10.43	318.19	18.82	404.48	24.28	145.98	8.68
	2006～2010	639.99	26.91	287.92	12.44	444.23	19.77	406.90	17.26	294.80	12.24
	2011～2017	811.27	29.01	429.72	16.13	624.89	21.01	423.81	17.58	467.72	13.47

数据来源：《中国统计年鉴》（1995～2018）。

三、模型设定

1. QUAIDS 模型

QUAIDS 模型是 AIDS 模型的扩展形式（Banks et al.，1997），即该模型允许支出份额与总支出之间的关系不再是简单的线性关系，而是更灵活、更具普遍性的二次型非线性模型形式，符合经济规律，从而可以更好地区分必需品和奢侈品。本书针对城镇居民家庭服务消费需求特点而建立的 QUAIDS 模型形式为：

$$w_i = \alpha_i + \sum_{j=1}^{k} \gamma_{ij} lnp_j + \beta_i ln\left[\frac{m}{P(p)}\right] + \frac{\lambda_i}{b(p)}\left\{ln\left[\frac{m}{P(p)}\right]\right\}^2 \quad (5-1)$$

式(5－1)中，w_i 是某省城镇居民家庭服务消费品 i 的消费支出在服务消费总支出中所占比重，满足 $\sum_i w_i = 1$；p_j 是服务消费品 j 的价格；m 是家庭服务消费总支出；$P(p)$ 为综合价格指数，可表示为 $lnP(p) = \alpha_0 + \sum_{i=1}^{k} \alpha_i lnp_i + \frac{1}{2}\sum_{i=1}^{k}\sum_{j=1}^{k}\gamma_{ij} lnp_i lnp_j$，$p_i$ 是服务消费品 i 的价格；$b(p)$ 为 Cobb－Douglas 型价格集合指数，其被定义为 $b(p) = \prod_{i=1}^{k} p_i^{\beta_i}$，$\alpha_i$、$\gamma_{ij}$、$\beta_i$ 和 λ_i 为待估计系数。

为满足预算约束下效用最大化，QUAIDS 模型需符合以下三个约束条件：

加总性：$\sum_{i=1}^{k} \alpha_i = 1$，$\sum_{i=1}^{k} \beta_i = 0$，$\sum_{i=1}^{k} \lambda_i = 0$，$\sum_{i=1}^{k} \gamma_{ij} = 0$ （5－2）

齐次性：$\sum_{j=1}^{k} \gamma_{ij} = 0$ （5－3）

对称性：$\gamma_{ij} = \gamma_{ji}$ （5－4）

加总性限制意味着在任何时期对于不同商品的所有支出之和须等于总支出；齐次性表明所有的价格和收入都乘以一个正的常数，需求量须保持不变；对称性保证了补偿的需求曲线对价格而言是齐次的。根据 QUAIDS 模型各参数的估计结果，按照下式（5－5）~式（5－7）可分别测算家庭各类服务消费支出弹性、马歇尔价格弹性（非补偿需求价格弹性）和希克斯价格弹性（补偿性需求价格弹性），即

支出弹性：$e_i = \mu_i / w_i + 1$ （5－5）

马歇尔价格弹性：$e_{ij}^u = \mu_{ij} / w_i - \delta_{ij}$ （5－6）

希克斯价格弹性：$e_{ij}^c = e_{ij}^u + e_i w_j$ （5－7）

式（5－5）~式（5－7）中：

$$\mu_i = \frac{\partial w_i}{\partial \ln m} = \beta_i + \frac{2\lambda_i}{b(p)}\left\{\ln\left[\frac{m}{P(p)}\right]\right\} \tag{5-8}$$

$$\mu_{ij} = \frac{\partial w_i}{\partial \ln p_j} = \gamma_{ij} - \mu_i(\alpha_j + \sum_k \gamma_{jk}\ln p_k) - \frac{\lambda_i \beta_j}{b(p)}\left\{\ln\left[\frac{m}{P(p)}\right]\right\}^2 \tag{5-9}$$

式（5-6）中，δ_{ij}表示克罗内克（Kronecker）函数，当 $i=j$ 时，$\delta_{ij}=1$；当 $i\neq j$ 时，$\delta_{ij}=0$。

2. 数据来源与模型设计

为考察我国城镇居民服务消费需求的总体特征，我们收集了1995~2017年的31个省（市、自治区）有关居民消费的面板数据，共包含样本1074个。数据主要来源于《中国价格及城市居民家庭收支调查统计年鉴》（1996~2005）、《中国城市（镇）生活与价格年鉴》（2006~2012）和《中国统计年鉴》（1995~2018）。

本书选择了五类服务消费支出为研究对象，具体包括医疗保健、交通、通信、教育和文化娱乐。其中，医疗保健主要包括医药费和医疗保健服务支出；交通主要包括交通费和交通服务支出；通信主要包括通信服务支出，如电讯费、邮寄费及其他；教育主要包括学杂费、托幼费、成人教育及其他；文化娱乐主要是文娱用品之外的文化娱乐服务费。各项服务消费历年价格指数均以1994年价格为定基指数100，进行指数化处理。由于2000年前后统计口径发生了一些变化，我们对相应各类服务消费的价格统计口径做了部分调整，如1995~2000年交通价格指数用交通费表示，2001~2017年的交通价格指数用车辆使用及维修费、市区交通费和城市间交通费的平均值表示；文化娱乐服务价格指数由于缺少与之对应的细分价格指数暂用文娱用品消费价格指数替代。

为计量估计（平衡数据）的需要，少数省份个别年份缺失的价格则参照相邻省份或相近年份的价格予以填充。根据QUAIDS模型要求，各类服务消费支出份额为因变量，消费总支出和各类服务的消费支出价格为自变量。

四、模型估计结果

本书采用非线性似不相关法（Non-linear Seemingly Unrelated Regression，NLSUR），使用统计软件Stata 12.0编程模拟估计中国城镇居民服务消费的QUAIDS模型（见表5-3）。在设计参数估计程序时，首先估计出医疗保健、交通、通信、教育服务的消费需求模型，再根据参数的对称性和齐次性等特点，推算出娱乐文化消费的需求模型。

实证结果表明，大多数参数估计结果都达到了1%、5%和10%的显著性水平，结果通过 T 检验。本书估算了全国和东、中、西三大地区在 1996 ~ 2000 年（“九五”时期）、2001 ~ 2005 年（“十五”时期）、2006 ~ 2010 年（“十一五”时期）、2011 ~ 2015 年（“十二五”时期）和 2016 ~ 2017 年（“十三五”初期）五个时段的消费支出弹性和需求价格弹性。由于消费支出弹性大小在不同区域和不同时期的变化较大，需求价格弹性大小的时空差异较小，因此本书重点分析城镇居民在三个区域不同时段的各类服务消费支出弹性和全国城镇居民在 1995 ~ 2017 年的平均需求价格弹性变化特点与趋势。

表 5－3　城镇居民服务消费需求 QUAIDS 模型估计结果

	α_i	β_i	γ_{i1}	γ_{i2}	γ_{i3}	γ_{i4}	γ_{i5}	λ	δ_1	δ_2
E1	0.350*** (5.71)	0.051 (0.96)	-0.071*** (-5.66)	—	—	—	—	0.016 (0.95)	0.078*** (4.45)	0.192*** (8.23)
E2	-0.052 (0.19)	-0.320*** (-6.9)	-0.024 (-0.62)	0.262** (4.12)	—	—	—	-0.327*** (-8.73)	0.076** (3.54)	0.014* (5.15)
E3	0.092** (1.66)	-0.199*** (-3.11)	-0.029 (-0.81)	0.062 (0.81)	0.253*** (6.65)	—	—	-0.062*** (-6.44)	-0.67* (-6.31)	0.021*** (7.67)
E4	0.189*** (4.83)	0.176*** (8.46)	0.039 (0.61)	-0.158*** (-9.37)	0.058* (-1.86)	0.166*** (4.18)	—	0.036*** (7.19)	-0.015*** (-3.32)	-0.035** (-7.64)
E5	0.422*** (7.81)	0.214*** (6.77)	0.078 (1.09)	-0.117 (-1.91)	-0.213*** (-5.03)	0.334*** (8.22)	0.204*** (1.31)	0.099*** (5.33)	0.214** (2.64)	0.321*** (1.92)

注：①E1 ~ E5 分别表示城镇居民家庭医疗保健、交通、通信、教育和文化娱乐五大服务消费支出弹性系数；*、** 和 *** 分别表示 10%、5% 和 1% 的显著性水平；α_i 为常数项系数，β_i 为消费支出的系数，γ_{i1}、…、γ_{i5} 为医疗保健等服务消费的价格项系数，λ 为消费支出的二次项系数，δ_1 和 δ_2 为地区虚拟变量的系数。②（）括号内为 t 值。

1. 多数服务消费富有弹性，而以教育为代表的服务消费支出缺乏弹性

从消费结构类型来看，城镇居民对医疗保健、交通、通信和文化娱乐的消费支出弹性均大于 1，富有弹性，而对教育的消费支出弹性小于 1，缺乏弹性。就全国平均水平来看，1995 ~ 2017 年，医疗保健、交通、通信、教育和文化娱乐的平均支出弹性分别为 1.065、2.264、1.501、1.15 和 1.544，表明随着收入水平的提高，城镇居民家庭更愿意增加这类服务消费品的消费支出；再从“九五”以来的五个时期的动态变化上看，城镇居民家庭的医疗保健消费支出相对稳定，交通和通信服务支出弹性呈现下降趋势，而文化娱乐服务消费支出弹性则呈现上升趋势，这说明，近年来随着收入水平的不断提高和各类文化娱乐产品与服务的日益丰富和完善，城镇居民家庭在文化娱乐服务领域的支出意愿明显提高，城镇

居民对精神文化领域的需求越来越高，其文化娱乐生活也将愈加丰富；城镇居民家庭的教育消费支出弹性很小，平均只有 0. 15，其原因在于多年来政府在教育，特别是基础教育的公共财政投入力度不断加大，从而大大降低了居民的基础教育费用。

2. 不同区域城镇居民的服务消费支出弹性存在差异，但总体趋势大致相同

我国东、中、西三大区域对服务的消费支出弹性差异主要体现在交通和教育领域（见表 5 -4）。就交通消费来看，西部地区的平均弹性为 2. 090。略小于东部地区的 2. 227 和中部地区的 2. 522；就教育消费来看，西部地区的平均弹性只有 0. 084，明显小于东部地区的 0. 215 和中部地区的 0. 158。

表 5 -4　1995 ~2017 年城镇居民家庭服务消费支出弹性

地区	时期（年）	医疗保健	交通	通信	教育	文化娱乐
东部	1995 ~2000	1. 053	3. 357	2. 002	0. 111	1. 155
	2001 ~2005	1. 065	2. 390	1. 461	0. 271	1. 631
	2006 ~2010	1. 082	1. 738	1. 322	0. 237	1. 682
	2011 ~2015	1. 094	1. 812	1. 307	0. 228	1. 645
	2016 ~2017	1. 098	1. 836	1. 312	0. 226	1. 640
	平均	1. 078	2. 227	1. 481	0. 215	1. 551
中部	1995 ~2000	1. 052	3. 477	2. 045	0. 155	1. 132
	2001 ~2005	1. 057	2. 698	1. 496	0. 225	1. 518
	2006 ~2010	1. 059	2. 057	1. 391	0. 144	1. 624
	2011 ~2015	1. 054	2. 212	1. 371	0. 139	1. 628
	2016 ~2017	1. 052	2. 167	1. 352	0. 126	1. 595
	平均	1. 055	2. 522	1. 531	0. 158	1. 499
西部	1995 ~2000	1. 060	3. 087	1. 987	0. 051	1. 280
	2001 ~2005	1. 062	2. 233	1. 446	0. 229	1. 663
	2006 ~2010	1. 065	1. 755	1. 330	0. 024	1. 605
	2011 ~2015	1. 062	1. 753	1. 372	0. 054	1. 621
	2016 ~2017	1. 061	1. 623	1. 381	0. 062	1. 682
	平均	1. 062	2. 090	1. 503	0. 084	1. 570

续表

地区	时期（年）	医疗保健	交通	通信	教育	文化娱乐
全国	1995 ~ 2000	1.056	3.284	2.001	0.099	1.197
	2001 ~ 2005	1.062	2.409	1.464	0.243	1.614
	2006 ~ 2010	1.069	1.827	1.343	0.130	1.637
	2011 ~ 2015	1.07	1.926	1.35	0.140	1.631
	2016 ~ 2017	1.070	1.875	1.348	0.138	1.639
	平均	1.065	2.264	1.501	0.150	1.544

3. 价格是影响城镇居民服务消费支出的重要因素

从各类服务消费需求的自价格弹性系数来看（见表 5 - 5），医疗保健服务消费的需求自价格弹性系数为 - 1.342，富有弹性，表明城镇居民对医疗保健服务的价格变化较为敏感，即当服务价格上升时，其消费量将明显减少；当价格下跌时，其消费量则会明显增加。交通、通信、文化娱乐消费的需求自价格弹性虽然缺乏弹性，但系数为正，分别为 0.185、0.362 和 0.152，说明这三类服务消费对价格相对不敏感，当价格上涨时，消费支出反而会有小幅增加。

表 5 - 5 城镇居民服务消费需求价格弹性（马歇尔价格弹性）

	医疗保健	交通	通信	教育	文化娱乐
医疗保健	- 1.342	- 0.137	- 0.661	0.059	0.186
交通	- 0.629	0.185	- 0.347	- 1.821	- 0.257
通信	- 0.211	- 0.109	0.362	- 0.243	- 1.183
教育	0.294	- 0.417	0.072	- 0.521	0.532
文化娱乐	0.362	- 0.140	- 1.631	0.583	0.152

从交叉价格弹性系数来看，交通、通信对其他消费服务业的交叉需求价格弹性均为负数，即交通、通信价格的上涨，通常会导致其他服务消费业的消费支出下降。值得注意的是，文化娱乐对通信的价格弹性系数较高，为 - 1.631，说明通信服务消费支出对文化娱乐的价格变动非常敏感；交通对教育的价格弹性系数

也很高，为 -1.821，说明交通消费支出对教育的价格变动也很敏感。[①]

五、结论

统计分析表明，20 世纪 90 年代中期以来，城镇居民的服务消费支出总量和比重均有明显提高，其中，医疗保健、交通、通信和文化娱乐服务支出比重上升最为明显，从支出的区域差异来看，东部地区服务消费水平明显高于中、西部地区。运用 QUAIDS 模型的实证分析进一步发现，以交通、通信、医疗保健、文化娱乐为代表的服务消费富有弹性，而以教育为代表的服务消费缺乏弹性，说明随着收入水平的提高，城镇居民家庭在交通、通信、医疗保健和文化娱乐领域的支出会明显增加；东、中、西三大区域的服务消费支出弹性存在一定差异，并且这种差异主要体现在教育领域；价格是影响城镇居民服务消费的重要因素，特别是医疗保健服务类支出的价格敏感性最强。

通过考察我国城镇居民家庭服务消费支出的需求弹性特征，结合城镇居民消费变动趋势，建议未来扩大内需、提高居民消费水平应从增加购买力、完善社会保障、改善消费环境等方面着手。首先，提高城镇居民收入水平、缩小地区经济发展差距是切实提高服务消费水平、改善居民生活的根本；其次，完善社会保障体系，改善消费环境，良好的社会保障和消费环境可以提高居民边际消费倾向，增加居民消费；最后，鼓励社会资本进入，大力发展消费型服务业，如鼓励社会兴办教育文化、医疗保健、健康养老产业，给老百姓提供更丰富、更完善、更有市场竞争力的教育、文化娱乐和医疗保健等服务。

第二节　中国城镇居民家庭医疗服务需求分析

一、问题的提出

近年来，医疗卫生费用的不断上涨已经成为一个全球关注的热点问题。据世界卫生组织统计，自 20 世纪 90 年代以来，大多数国家（除低收入和中低收入国家之外）人均医疗卫生费用都呈现明显的上涨趋势，尤其是发达国家的人均卫生

① 交叉价格弹性即希克斯价格弹性 e_{ij}^{c}，$e_{ij}^{c} = e_{ij}^{u} + e_i w_j$，具体数据可在支出弹性和马歇尔弹性基础上计算得出，这里不再详细列出。

费用从 1995 年的 1867 美元上涨到 2013 年的 4480 美元，增长趋势非常迅猛（见图 5 -2）。医疗卫生费用的不断上涨导致其占国内生产总值（GDP）的比例也在不断上升，在发达国家，这一比例从 1995 年的 9. 3% 上涨到 2013 年的 12%，尤其是美国的医疗卫生费用占 GDP 比重达 17%，居全球之首（见图 5 -3）。

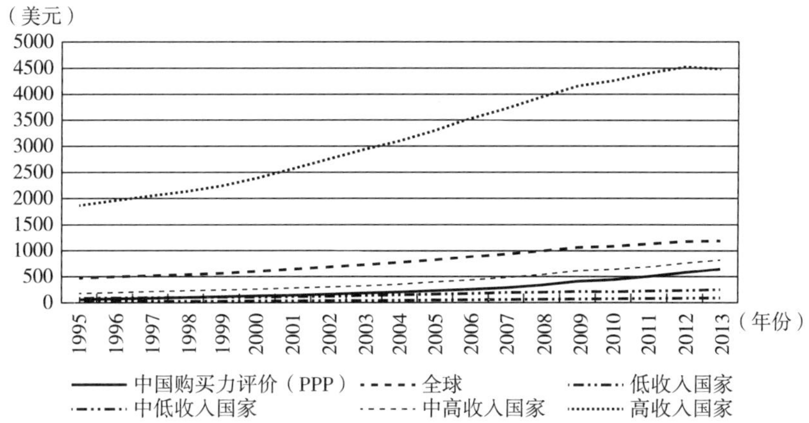

图 5 -2 1995 ~2013 年不同发展阶段国家人均医疗卫生费用

注：人均医疗卫生费用用购买力评价（PPP）表示。

资料来源：根据世界卫生组织统计数据库相关数据整理而成，http：//apps. who. int/gho/data。

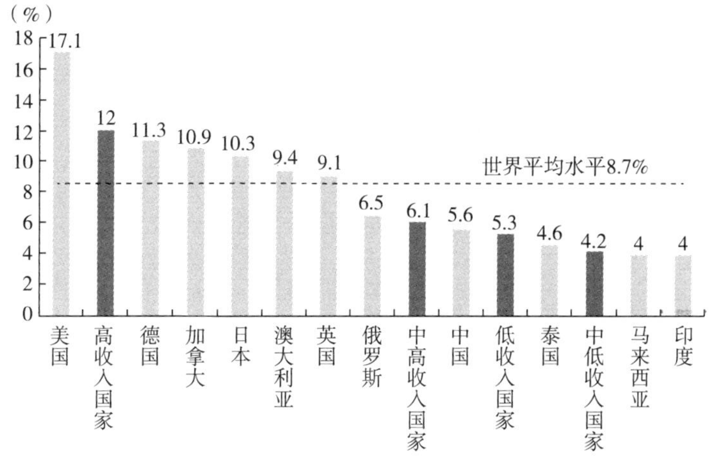

图 5 -3 2013 年代表性国家全部卫生费用占 GDP 比重

资料来源：根据世界卫生组织统计数据库相关数据整理而成，http：//apps. who. int/gho/data。

从全球水平来看，虽然中国医疗卫生费用总量和人均卫生费用还不算高，但是卫生总费用的增长速度是非常快的。据统计，1996～2013年，我国卫生总费用平均增长速度达到12.5%，超过同期GDP平均增长速度近3个百分点。卫生费用占国内生产总值的比重从1996年的3.81%增长到2013年的5.57%。[①] 从卫生总费用构成来看[②]，各部分费用占比的变动趋势明显不同，2003年以来，政府和社会卫生支出占卫生总费用的比例显著上升，而个人现金卫生支出的比重则不断下降（见图5-4）。以城镇居民医疗保健支出为例，人均医疗保健支出占人均可支配收入的比重从2000年的5.06%下降到2013年的4.1%。[③] 换句话说，城镇居民医疗支出的份额并没有随着收入的提高而提高，它的收入弹性小于1，表现为一种必需品、按照经济学定义，如果某种商品的需求收入弹性小于1（即是必需品），那么它的消费支出在收入中的占比，会随着收入的增加而下降；反之会随着收入的增加而上升（即是奢侈品）。也就是说，商品消费支出的收入弹性决定了它随消费者收入而变化的趋势。尽管学术界对于医疗服务到底是必需品还是奢侈品存在争议，但根据2003年以来城镇居民个人现金卫生支出的比重不断下降的经验事实，似乎倾向于印证医疗服务对城镇居民是一种必需品的观点。

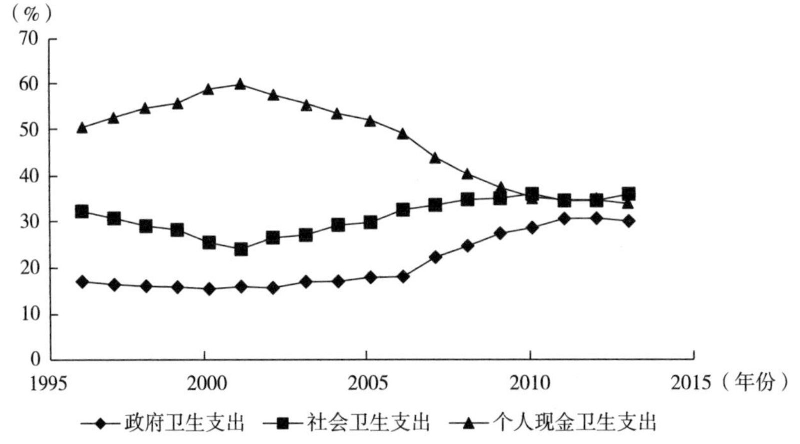

图5-4　1996～2013年中国卫生总费用筹资构成

资料来源：1996～2012年数据来自《中国卫生总费用研究报告2013》，2013年数据来自《2013年中国卫生和计划生育事业发展统计公报》。

---

① 数据来源：《中国卫生总费用研究报告2013》和《2013年中国卫生和计划生育事业发展统计公报》。

② 我国卫生总费用筹资主要由政府卫生支出、社会卫生支出和个人现金卫生支出三部分组成。

③ 数据来源：《中国卫生总费用研究报告2013》和《中国统计年鉴》（2014）。

毫无疑问，医疗服务对个人来说是必需品还是奢侈品，是影响个人医疗支出和医疗卫生总费用的重要影响因素，这不论是对个人消费决策还是对政府产业政策等方面都有着深远的影响。本部分将在梳理以往相关研究的基础上，引入若干影响个人医疗支出的相关变量，建立起针对中国城镇居民家庭医疗支出的实证分析框架，从规范分析的角度深入拓展上述经验认识。

二、相关研究评述

近40年来，国外学者在考察医疗卫生支出与经济增长的长期关系的基础上，对于医疗服务是必需品还是奢侈品这一问题做了大量的实证研究。早期的研究，如Newhouse（1977）、Leu（1986）、Parkinet等（1987）、Gerdtham等（1992）采用OECD跨国截面数据研究发现，医疗卫生支出的弹性都大于1，进而认为医疗服务是奢侈品。20世纪90年代以来，随着研究样本的丰富和研究方法的改进，很多学者开始采用面板数据考察OECD国家的医疗支出弹性，但在结论上存在一定分歧。如Blomqvist和Carter（1997）、Gerdtham等（1998）利用1960～1990年的跨国数据和Sen（2005）、Baltagi（2010）利用1970年以来的跨国数据研究发现，医疗支出弹性小于1，是必需品。然而Clemente等（2004）、Atella（2006）、Narayan（2011）的研究发现，医疗支出弹性大于1，因而是奢侈品。由此可见，有关医疗服务是奢侈品还是必需品的讨论虽然丰富，但并没有形成一致的结论。尽管Getzen（2000）提出了健康服务既是必需品也是奢侈品，即健康服务对个人来说是必需品、对国家来说是奢侈品的论断，但他本人并未从实证角度证明这一结论，并且后续的很多实证研究（Giannoni & Hitiris，2000；Freeman，2003；Moscone et al.，2010；Sulku，2011）发现，政府的医疗支出弹性也是小于1的。

综合以往相关研究，作者试图在庞杂的研究中捋出一些清晰的线索和特征：

第一，早期的研究都是基于截面数据分析的，样本较小，无法考察到时间效应和国家个体效应，而且研究中仅限于支出与增长两个变量，因而其系数估计的可信度不高。20世纪90年代以来，由于可获得的样本数据日益完善和估计方法不断改进，特别是在解释变量中除了收入因素外，还考虑了人口结构、城镇化、医疗技术进步和医疗体制差异等因素，使得医疗卫生支出的收入弹性值有所下降，甚至表现为一种必需品。

第二，在OECD跨国研究中很难形成一致的结论，作者认为原因在于，跨国研究中存在因各国经济发展水平的差异、医疗卫生体制不同、医疗服务价格难以统一以及劳动力市场的分割等因素，从而导致其估计误差较大。然而对于某个国家各地区的相关面板研究来说，基本不存在上述问题，因而其结论会相对稳定。

第三，以往相当多的研究都集中在全部健康支出这一变量上，而没有考虑到它的具体组成（如政府医疗卫生支出和个人医疗卫生支出）。这样笼统的研究必然会忽略政府和个人医疗支出行为的差异。例如 Clemente （2004）、Atella（2006）的研究中就已经注意到了这一问题，并将政府和个人医疗支出区分开来讨论。国内学者对这一问题的讨论主要是依据微观样本数据，考察城乡居民的医疗支出弹性（封进和秦蓓，2006；林相森和舒元，2007；叶春辉等，2008；谭涛等，2014），并一致认为其收入弹性明显小于 1，即医疗服务对城乡居民来说是一种必需品。

本部分内容主要是针对中国城镇居民家庭医疗支出行为，侧重从实证层面，依据省级面板数据，构建中国城镇居民医疗支出收入弹性的经验分析框架。在此基础上引入了政府医疗保障支出变量，通过构建面板门限模型，进一步考察政府基本医疗保险投入对城镇居民医疗支出弹性的非线性影响。

三、研究框架分析

1. 数据来源与变量描述统计

本书样本包括 31 个省、自治区和直辖市。样本时间涵盖 1996 年至 2013 年。① 有关各省政府医疗卫生支出数据来自《中国财政年鉴》（1995 ~ 2013）、《中国卫生总费用研究报告》（2006 ~ 2013），城镇基本医疗保险支出数据来自《中国劳动统计年鉴》（2000 ~ 2014），其他数据来自《中国统计年鉴》（1995 ~ 2014）。除了人口结构和城镇化率外，其他变量指标均用 GDP 平均指数、CPI 指数和医疗保健价格指数进行了相应调整（见表 5 - 6）。

2. 估计策略

作者依次采用三种计量识别策略估计中国城镇居民医疗卫生支出的收入弹性。第一种方法为传统的 OLS 估计方法，估计方程如下：

$$LNPHE_{it} = \alpha + \beta LNINCOME_{it} + \gamma X_{it} + \varepsilon_{it} \quad (5-10)$$

其中，被解释变量 $LNPHE_{it}$ 为城镇居民家庭人均医疗保健支出，解释变量 $LNINCOME_{it}$ 为城镇居民家庭人均可支配收入，β 是重点考察的医疗支出收入弹性。若 $\beta > 1$，对城镇家庭来说，医疗服务就是一种奢侈品，反之，医疗服务就

① 根据统计年鉴公开数据，各省政府预算卫生支出最早可追溯到 1996 年，最近更新到 2013 年，因此研究样本基本涵盖 1996 ~ 2013 年的省级数据。

是一种必需品。i 表示省份，t 表示年份。X_{it} 是一组影响城镇居民医疗卫生支出的控制变量，具体包括：

表 5－6　变量及其统计特征

变量	平均值	标准差	最小值	最大值	变量定义及计算方法
PHE	5.757	0.567	4.276	7.160	城镇居民家庭人均实际医疗保健支出自然对数值
INCO	9.051	0.464	8.118	10.294	城镇居民家庭人均实际可支配收入自然对数值
GHE	4.248	0.830	2.540	6.547	省级政府人均实际医疗卫生支出自然对数值
BMI	5.959	0.563	3.486	7.770	城镇基本医疗保险人均支出，包括城镇居民基本医疗保险（城居保）和城镇职工基本医疗保险（城职保）
POP14	0.284	0.091	0.096	0.578	少年抚养比，即 0～14 岁人口占总人口比重
POP65	0.112	0.027	0.043	0.219	老年抚养比，即 65 岁以上人口占总人口比重
URB	0.425	0.167	0.138	0.893	城镇化率，城镇人口占总人口比重
IV1：IMEX	0.300	0.356	0.027	1.668	各省进出口总额占本省生产总值的比重
IV2：FMA	1.981	3.521	0.050	23.877	各省省会城市到海岸线距离的倒数再乘以 100 作为海外市场接近度

GHE 表示人均政府医疗卫生投入水平。考虑到中国卫生筹资费用统计口径存在低估政府医疗卫生投入的问题①，本书参考国际分类方法中广义政府卫生支出口径②。但由于历年各省广义政府卫生支出数据很难获取，所以本书将政府预算卫生支出③、城镇基本医疗保险基金支出（主要是城镇职工基本医疗保险和城镇居民基本医疗保险）和新农合基金支出三部分，近似作为广义政府卫生支出。

① 根据中国卫生费用筹资分类口径，将社会基本医疗保险费、行政事业单位医疗卫生支出和农村居民医疗保障费用这些由政府投入的部分，都划入了社会卫生支出领域。

② 根据世界卫生组织国际分类方法，广义政府卫生支出包括狭义政府卫生支出、社会保障卫生支出和预算外支出三部分。其中，狭义政府卫生支出包括卫生事业费、中医事业费、计划生育事业费、食品和药品监督管理费、预算内基本建设经费、医学科研经费、卫生行政与医疗保险管理费、政府其他部门卫生经费；社会保障卫生支出包括行政事业单位医疗经费、企业职工医疗卫生费、社会基本医疗保险费、新型农村合作医疗经费、城乡医疗救助经费、社会其他保险医疗卫生费。

③ 政府预算卫生支出是在狭义政府卫生支出基础上加上基本医疗保险基金补助经费、城乡医疗救助经费和高等医学教育经费。

人口结构通常被认为是影响医疗支出的重要变量（Denton & Spencer，1975；Maxwell，1981）。对个体来说，医疗保健支出在整个生命周期中的分布是不均衡的，通常在婴幼儿期和年老期的支出相对较大。近年来，国内外学者对人口老龄化与医疗卫生支出之间关系的研究越来越多，其中相当一部分的实证研究结果发现人口老龄化是导致医疗卫生开支上涨的重要因素（Grossman，1972；何平平，2006；余央央，2011）。为此，本书采用 POP14（少年抚养比）和 POP65（老年抚养比）表示人口结构的特征。

URB 表示城镇化率。社会因素中，最重要的是城镇化因素。以往研究发现，城镇化水平对医疗服务的需求有着重要影响（Kleiman，1974；Gerdtham et al.，1992；Crivelli et al.，2006）。

第二种方法为双向固定效应模型。利用省级数据构建城镇居民医疗支出的面板模型如下：

$$LNPHE_{it} = \alpha + \beta LNINCOME_{it} + \gamma X_{it} + \rho_i + \lambda_t + \varepsilon_{it} \tag{5-11}$$

ρ_i 用来控制省份固定效应，λ_t 用来控制时间固定效应。双向固定效应模型可以避免所有由不随时间变化或者不随省份变化因素所导致的遗漏变量偏误问题。例如，沿海开放省份居民的医疗保健支出水平整体上好于内陆省份，控制省份固定效应，可以剔除地区区位因素的影响。另外，医疗体制改革和社会保障制度的完善对居民医疗保健支出水平也有重要影响，但是在同一时期，所有省份的居民面临的医疗政策和制度环境是相同的，因此可以由时间固定效应加以控制。但是，固定效应回归无法解决随时间和地区变化因素所引起的遗漏变量问题，因而可能导致估计系数偏高或偏低。

第三种方法为两阶段最小二乘估计。OLS 估计的有效性依赖于很强的假设，即在加入有限的控制变量后，解释变量 $LNINCOME_{it}$ 不和误差干扰项相关。这就要求必须控制所有可能影响城镇居民家庭医疗保健支出并与居民家庭可支配收入相关的变量。任何变量的遗漏都会导致估计结果有偏差。但是，遗漏变量是不可避免的。另外，一个不可忽视的关键问题就是模型本身存在的内生性问题，即医疗支出与收入之间可能存在着反向因果关系。以往研究文献显示，医疗卫生支出（健康和健康支出）的增加有助于经济增长和收入水平的提高，即健康的收入效应。健康的收入效应主要通过健康人力资本投资实现。Grossman（1972）指出，健康既是一种消费品，它可以使消费者感觉良好，同时又是一种投资品，因为健康状态将决定消费者可利用的用于工作和闲暇的时间的多少，生病天数减少的货币价值就是健康投资的回报。当健康作为一种投资品时，健康投入的多少就决定了人们可以获得的人力资本的多少。也就是说，如果人们将收入中的一部分用于医疗保健支出从而使自己保持健康状态，那么人们就可以通过增加用于工作的时间、提高工作效率、获得新的工作机会等方式增加自身的人力资本积累，这种投资的收益即是疾病损失的避免、收入的增加和个人福利的改进。这一观点后来也被 Strauss 和 Thomas（1998）、Zon 和 Muysken（2001，2003）、Jamison 等（2003）、Liu 等（2003）和 Laxminarayan（2004）的研究进一步证实。

为克服内生性问题，在 Acemoglu 等（2009）的研究中，以石油价格与美国次区域石油储备的交乘项作为外生工具变量，用于估计收入对健康支出的影响。考虑中国的实际情况，本书采用各省份的对外贸易开放度指标（IMEX）作为外生的工具变量。一般来讲，对外贸易越开放的地区，经济发展水平就越高，并且当地居民的收入水平也会更高，而它和一个地区城镇居民医疗保健支出水平并没有明显的相关性。因此，笔者构建二阶段最小二乘回归模型如下：

$$LNPHE_{it} = \alpha + \beta LNINCOME_{it} + \gamma X_{it} + \rho_i + \lambda_t + \varepsilon_{it} \quad (5-12)$$

$$LNINCOME_{it} = \alpha_0 + \alpha_1 IMEX_{it} + \alpha_2 X_{it} + \rho_i + \lambda_t + \varepsilon_{it} \quad (5-13)$$

其中，式（5－12）为二阶段回归，各变量定义同式（5－10）。式（5－13）为一阶段回归，$IMEX_{it}$为各省进出口总额占地区生产总值的比重。

四、实证结果分析

1. 实证结果

表 5－7 报告了上述三种识别策略的实证结果。就 OLS 估计来看，在只考虑核心解释变量的情况下，城镇居民家庭医疗支出的收入弹性为 0.98。加入政府医疗卫生投入、人口结构和城镇化等控制变量后，其收入弹性降为 0.48。两种估计下的核心解释变量系数都很显著且均小于 1，这说明医疗保健对城镇居民家庭来说是一种必需品。同时，居民的医疗支出很大程度上也受许多非收入因素的影响。在控制变量中影响最为显著的是少年抚养比 POP14，其系数为－1.65，说明少年抚养比的下降会促进家庭医疗保健支出的增加。对于这一点，可以理解为，随着独生子女步入育龄期，他们所经历的成长环境的差异会带来育儿观念、儿童保健服务需求的变化。由传统的抚养模式转变为培养模式，关注的不仅仅是身体的健康，更重要的是疾病的预防、生长发育过程中的实时监测、记忆心理健康方面的干预和咨询，从而导致了医疗保健支出的增加。除此之外，城镇化和政府医疗卫生投入对城镇家庭医疗支出也有显著积极的影响。

表5-7 城镇居民家庭医疗卫生支出收入弹性估计结果

	OLS 估计		FE 估计		TSLS 估计
INCOME	0.98*** (0.03)	0.48*** (0.08)	1.81*** (0.41)	1.24*** (0.17)	0.33*** (0.07)
LNCHE		0.10*** (0.03)		0.55*** (0.09)	0.13*** (0.03)
POP14		1.65*** (0.22)		-0.37 (0.58)	-1.57*** (0.25)
POP65		0.33 (0.66)		0.61 (0.96)	0.34 (0.59)
URB		0.49*** (0.14)		0.35 (0.44)	0.62** (0.14)
cons	-3.08*** (0.26)	1.30** (0.55)	-10.44*** (3.45)	-7.17*** (1.38)	2.36*** (0.53)
Adj-R2	0.64	0.73	0.83	0.89	0.71
DWH 检验					13.83***
过度识别检验（Hansen J）					0.19
弱工具变量检验（Aderson LR）					19.93
样本数	527	527	527	527	527

注：括号内为稳健型标准误，***、**、*分别表示在1%、5%和10%水平上统计显著。DWH 统计量用于检验模型的设定中是否存在内生性偏误；Hansen J 统计量和 Aderson LR 统计量分别用于检验模型的估计是否存在过度识别和识别不足问题。

从固定效应模型估计结果来看，无论是只包含核心解释变量的估计，还是加入控制变量后的估计，城镇居民医疗支出的收入弹性都显著大于1，分别是1.81和1.24，和上述OLS估计方差很大，从其他控制变量来看，政府卫生支出的解释力有所上升，但人口少年抚养比POP14、老年抚养比POP65和城镇率URB的系数都不显著。考虑到遗漏变量、内生性等问题，固定效应模型的估计结果有待进一步检验。

本书采用 Durbin-Wu-Hausman（DWH）检验来验证式（5-12）的设定中是否存在内生性，即解释变量是否与干扰项相关。从表5-2中列示的DWH统计量来看，原假设（LNINCOME与干扰项不相关）被拒绝了，即模型存在内生性问题。为了确保工具变量的合理性，本书继续做了两方面的检验。一是过度约束检验，即检验工具变量是否合理，结果显示 Score chi（1）=0.19，p=0.6613，接受原假设，也就是说，工具变量贸易开放度 IMEX 与干扰项不相关，工具变量的设定是合理的；二是弱工具变量检验，即工具变量与内生解释变量是否存在较强的相关性，结果显示在10%水平下 Wald 检验为19.93，而最小特征值为992，明显大于19.93，从而拒绝弱工具变量的原假设。从 TSLS 模型估计结果来看，在控制内生性问题后，城镇居民医疗支出的收入弹性为0.33，且非常显著。其他控制变量估计结果和 OLS 估计比较一致，除了人口老龄化，其他几个因素对居民家庭医疗保健支出都有显著影响。

2. 稳健性检验

考虑到上述 OLS 估计、TSLS 估计与双向固定效应模型估计结果的差异较大，在稳健性检验部分，本书进一步引入广义矩估计方法控制模型的内生性偏误。同时，考虑贸易开放度指标并不是严格意义上的外生变量，因为一个国家或地区的进出口贸易通常会受到国内、国际宏观经济形势的影响。因此，笔者拟采用海外市场接近度 FMA 作为地区经济对外开放的指标。从外生性角度来看，海外市场接近度是由自然地理因素决定的，它不随时间的变化而变化。本书借鉴黄玖立和李坤望（2006）的做法，取各省省会城市到海岸线距离的倒数再乘以100作为海外市场接近度。表5-8报告了采用两类工具变量和两种估计方法的实证结果。总体上看，收入对医疗支出的影响都非常显著，且弹性系数在0.33~0.46范围内，进一步验证了医疗服务的必需品特征。控制变量中除人口老龄化一直都不显著外，其他变量对城镇居民医疗支出都有明显的影响。相对于收入、人口结构和城镇化变量，政府医疗卫生投入变量 GHE 对城镇家庭医疗支出的影响明显较弱，这是因为本书采用的人均政府医疗卫生投入变量是一个近似广义的口径，它既包括政府对医疗卫生机构的投入（即“补供方”），也包括政府对医保的投入（即“补需方”），尤其是“补需方”部分，对家庭医疗支出的影响是最直接的。因此，有必要将政府医保投入单独拿出来分析。对此，将在下文做进一步的讨论。

表5-8　稳健性检验：TSLS 估计和 GMM 估计结果比较

	TSLS 估计		GMM 估计	
	IMEX	FMA	IMEX	FMA
LNINCOME	0.33*** (0.07)	0.41*** (0.08)	0.37** (0.10)	0.46*** (0.03)

续表

	TSLS 估计		GMM 估计	
	IMEX	FMA	IMEX	FMA
LNGHE	0.13*** (0.03)	0.11*** (0.01)	0.16*** (0.04)	0.15*** (0.05)
POP14	-1.57*** (0.25)	-1.26* (0.67)	-1.44*** (0.13)	-1.21*** (0.11)
POP65	0.34 (0.59)	0.42 (0.89)	0.36 (0.66)	0.49 (0.77)
URB	0.62** (0.14)	0.60*** (0.13)	0.58** (0.11)	0.60*** (0.13)
cons	2.36*** (0.53)	2.21*** (0.33)	2.20*** (0.31)	2.27** (0.23)
Adj - R2	0.71	0.77	0.71	0.78
DWH 检验	13.83***	16.72***	13.83***	16.72***
过度识别检验 (Hansen J)	0.19	8.42	0.19	8.42
弱工具变量检验 (Aderson LR)	19.93	10.14	19.93	10.14
样本数	527	527	527	527

注：括号内为稳健型标准误，***、**、*分别表示在1%、5%和10%水平上统计显著。DWH 统计量用于检验模型的设定中是否存在内生性偏误；Hansen J 统计量和 Aderson LR 统计量分别用于检验模型的估计是否存在过度识别和识别不足问题。

五、进一步讨论

理论上讲，政府提供医疗保险具有双重作用：一方面，医疗保险降低了医疗服务的有效价格，有助于提高医疗支出水平；另一方面，医疗保险的费用分担机制有效地降低了医疗支出。对于医疗保险对医疗支出的具体影响结果，以往研究中有相当一部分学者认为医疗保险有助于减轻老年人医疗支出的负担，尤其是老年人自付费部分（黄枫和甘犁，2010；刘国恩等，2011；王翌秋和雷晓燕，2011）；还有学者认为，医疗保险释放了居民（特别是低收入群体）的医疗需求，刺激了参保者对医疗服务的消费，使得医疗总支出不减反增（高梦滔，2010；赖国毅，2012；程令国和张晔，2012；唐含宇和徐剑，2014）。不管医疗保险究竟是降低了居民自付费负担，还是提高了医疗总支出，必须承认的一点是，医疗保险制度有助于提高医疗服务的可及性。长期来看，随着医疗保险覆盖面的不断扩大，尤其是保障程度的不断提高，居民家庭（尤其是中低收入群体）在进行医疗服务消费的决策时所面对的预算约束应该是越来越宽松的，医疗保险对家庭医疗消费的释放效应是不断增强的，使得潜在的医疗需求会越来越多地转化成现实的需求，从而带来医疗支出绝对水平和相对水平的不断提高。

基于上述考虑，笔者认为，在相当长的一段时期内，医疗保险对医疗服务需求的释放效果可能存在一定的阶段性和差异性，或者说，随着医疗保险保障水平的提高，居民家庭医疗支出的收入弹性可能会发生某种阶段性的变化。为了深入考察医疗保险对家庭医疗支出弹性的影响，本书将通过构建面板门槛模型来做进一步的分析。

1. 面板门槛模型设定

根据上述分析，城镇居民的医疗支出与收入之间可能会因为医疗保障程度的不同而呈现非线性关系，从而表现出区间效应。为此，本书采用 Hansen（1999）的面板门槛回归模型思路，构建出中国城镇居民家庭医疗支出与城镇居民可支配收入的面板门槛回归模型。先设定单一门槛模型如下：

$$PHE_{it} = \alpha_i + \theta Z_{it} + \beta_1 INCO_{it} \cdot I(BMI_{it} \leqslant r) + \beta_2 INCO_{it} \cdot I(BMI_{it} > r) + \varepsilon_{it} \tag{5-14}$$

PHE_{it}和$INCO_{it}$分别为被解释变量和核心解释变量。Z_{it}为一组控制变量，包括人口少年抚养比$POP14_{it}$，人口老年抚养比$POP65_{it}$和城镇化率$URBAN_{it}$，θ为相应的系数向量。BMI_{it}为上述门槛模型的门槛变量，r为特定的门槛值，$I(\cdot)$为一指标函数，α_i反映省份的个体效应，ε_{it}为随机干扰项，服从零均值、同方差、零协方差的正态分布。

为了得到参数估计值，首先需要消除个体效应α_i的影响，从每一个观测值中减去组内平均值，得到：

$$PHE_{it}^{*} = \theta Z_{it}^{*} + \beta_1 INCO_{it}^{*} I(BMI_{it} \leqslant r) + \beta_2 INCO_{it}^{*} I(BMI_{it} > r) + \varepsilon_{it}^{*} \tag{5-15}$$

对所有观察值进行累叠，并采用矩阵形式将上式变换为：

$$Y^{*} = X^{*}(\gamma)\beta + e^{*} \tag{5-16}$$

对于任一给定的门槛值γ，可采用 OLS 方法估计式（5－16），得到β的估计值：

$$\hat{\beta}(\gamma) = (X^{*}(\gamma)'X^{*}(\gamma))^{-1}X^{*}(\gamma)'Y^{*} \tag{5-17}$$

相应的残差平方和$S_1(\gamma) = \hat{e}^{*}(\gamma)'\hat{e}^{*}(\gamma)$。进一步地，通过最小化$S_1(\gamma)$获得门槛值$\gamma$的估计值$\hat{\gamma} = \mathrm{argmin}S_1(\gamma)$，最终可得到$\hat{\beta} = \hat{\beta}(\hat{\gamma})$，残差向量$\hat{e}^{*}(\gamma) =$

$\hat{e}^*(\hat{\gamma})$。

得到参数估计值后，需要进行两个方面的检验：一是门槛效果是否显著，二是门槛估计值是否等于其真实值。第一个检验的原假设 H_0 为 $\beta_1=\beta_2$，备择假设 H_1 为 $\beta_1\neq\beta_2$，检验统计量为：$F_1=\frac{S_0-S_1(\gamma)}{\hat{\sigma}^2}$。在原假设下，门槛值 γ 是无法识别的，因此 F 的统计量是非标准的。Hansen 建议采用“自抽样法”（Bootstrap）来获得其渐进分布，进而构造其 P 值。第二个检验的原假设 H_0 为 $\hat{\gamma}=\gamma_0$，相应的似然比检验统计量为 $LR_1(\gamma)=\frac{S_1(\gamma)-S_1(\gamma')}{\hat{\sigma}^2}$，LR 同样不服从标准正态分布。根据 Hansen（1999）的研究，在显著性水平 α 下，当 $LR_1(\gamma_0)\leqslant c(\alpha)$时不能拒绝原假设。

以上只是假设存在一个门槛，但从计量角度看，可能会出现多个门槛。下面以双重门槛模型为例做简要说明，模型设定如下：

$$PHE_{it}=\alpha_{it}+\theta Z_{it}+\beta_1 INCO_{it}\cdot I(BMI_{it}\leqslant\gamma_1)+\beta_2 INCO_{it}\cdot I(\gamma_1<BMI_{it}\leqslant\gamma_2)+\beta_3 INCO_{it}\cdot I(BMI_{it}>\gamma_3)+\varepsilon_{it} \tag{5-18}$$

估计方法是先假设单一门槛模型中估计出的 $\hat{\gamma}_1$ 已知，再进行 γ_2 的搜索，最终得到 $\hat{\gamma}_2$。Bai（1997）的研究表明 $\hat{\gamma}'_2$ 是渐进有效的，但 $\hat{\gamma}_1$ 却不是。为此，可以固定 $\hat{\gamma}'_2$ 对 $\hat{\gamma}_1$ 进行再次搜索，从而得到其优化后的一致估计量 $\hat{\gamma}'_1$。

2. 模型估计结果分析

首先需要确定门槛的个数，以便确定模型的形式。依次在不存在门槛、一个门槛和两个门槛的设定下对模型（5－18）进行估计，得到 F 统计量和“自抽样法”（Bootstrap）得出的 P 值，见表 5－9。结果显示，单一门槛和双重门槛效果都非常显著，相应的 P 值分别为 0.000 和 0.054，而三重门槛效果不显著。因此，下面基于双重门槛模型进行分析。

表 5－9　门槛效果检验

门槛变量	临界值				
lnBMI	F 值	P 值	1%	5%	10%
单一门槛	24.855***	0.000	18.867	11.151	8.065
双重门槛	19.624**	0.054	8.585	1.652	－1.049
三重门槛	4.753	0.762	12.732	8.496	5.751

注：P 值和临界值均为采用“自抽样法”（Bootstrap）反复抽样 1000 次得到的结果；*** 和 ** 分别表示在 1% 和 5% 的水平下显著。

两个门槛的估计值和相应的95%置信区间，如表5－10所示。借助图5－5绘制的似然比函数图可以清晰地理解门槛值的估计和置信区间的构造过程。根据门槛值将人均医保支出分成低水平区间（BMI≤5.802）、中等水平区间（5.802＜BMI≤7.071）和高水平区间（BMI＞7.071）。

表5－10 门槛值估计结果

	估计值	95%置信区间
门槛值 $\hat{\gamma}_1$	5.802	[5.781，5.838]
门槛值 $\hat{\gamma}_2$	7.071	[6.803，7.074]

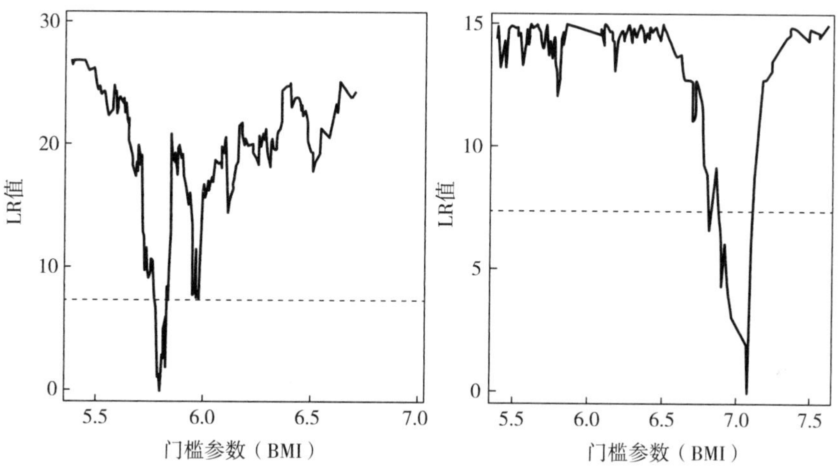

图5－5 第一、二个门槛的估计值和置信区间

面板门槛模型估计结果，如表5－11所示。门槛模型中估计出的医疗支出弹性要高于上述静态面板模型中的弹性，这说明医疗保险的投入的确释放了居民的医疗需求，有助于提高医疗支出的“收入效应”。[①] 两个门槛值把城镇居民家庭医疗支出的收入弹性分成了三个不同的区间。在人均政府医保支出的中、低水平

① 通常而言，经济因素对医疗消费存在着两种效应：一种是收入效应，随着收入水平的提高，对健康的需求随之增加，因而医疗支出水平提高；另一种是健康效应，通常收入较低的人，健康状况较差，患病的概率更高，相应的患病后的医疗支出也更高（Van Doorslaer E et al.，1997）。本书主要考察的是“收入效应”。

区间内，城镇居民家庭医疗支出的收入弹性都没有明显差异（分别是0.635和0.670），但是进入高水平区间后，医疗支出的弹性提高到了0.833。这充分证明了医保支出水平对居民医疗支出弹性的影响存在一定的门槛效应。按照门槛值的大小，将不同年份、不同省份（直辖市、自治区）的支出同样划分为高、中、低三个区间。以2012年为例，全国仅有北京、上海和西藏[①]的人均政府医疗保险支出位于高水平区间，其余省份均处于中等水平区间。这说明，目前我国所有省份的人均政府医保水平已经跨越了低水平阶段，进入了中高水平区间。随着政府医保投入继续加大，特别是当医保投入跨越第二个门槛值之后，将会进一步提高居民医疗支出的“收入效应”，使得医疗支出的绝对水平和相对水平都明显提高。

观察其他控制变量对城镇居民家庭医疗支出的影响，可以发现，少年抚养比POP14、城镇化率仍然显著，估计结果和表5－11的估计差异不大。

表5－11　面板门槛回归模型估计结果

变量	系数估计值
POP14	－1.04*** （－3.59）
POP65	0.76 （1.21）
URB	0.29* （2.46）
LNINCOME1	0.64*** （13.39）
LNINCOME2	0.67*** （13.79）
LNINCOME3	0.83*** （13.42）
cons	－0.8* （－1.82）
Adj－R2	0.68
样本数	527

注：括号内为t值，***和**分别表示在1%和5%的水平下显著。

① 西藏的人均政府医保支出与其人口稀少、中央政府转移支付比例较高有直接关系。

六、结论

本书根据1996~2013年的省级面板数据，采用最小二乘法、双向固定效应模型、两阶段最小二乘法和广义矩估计法估计城镇居民医疗支出的收入弹性。在此基础上，作者通过构建面板门槛模型，进一步考察政府医疗保险投入对居民医疗服务需求和医疗支出水平的阶段性影响。研究结论如下：①OLS估计和TSLS估计结果一致表明，中国城镇居民医疗支出的收入弹性明显小于1，采用广义矩估计的稳健性检验中，也进一步验证了这一结论，说明医疗服务对城镇家庭来说都是一种必需品；②除了收入因素之外，政府医疗卫生投入、人口少年抚养比和城镇化率对城镇居民家庭的医疗支出水平也有重要影响，加入这些“非收入”因素后，医疗支出的弹性明显下降；③面板门槛模型的估计发现，政府医疗保险投入水平对城镇居民医疗支出弹性具有门槛效应，即在人均政府医保支出的中、低水平区间内，城镇居民家庭医疗支出的收入弹性都没有明显差异，但进入高水平区间后，医疗支出的弹性会明显提高。当前，我国所有省份的人均政府医保水平都已经跨越了低水平阶段，进入了中、高水平区间。随着政府医保投入继续加大，特别是当医保投入跨越第二个门槛值之后，将会进一步提高居民医疗支出的“收入效应”，使得医疗支出的绝对水平和相对水平都会明显提高。

在世界范围内，医疗保障体系和医疗服务体系都是公共服务的组成部分。虽然各国的改革存在诸多差异，但一个共同的趋势就是，医疗保障体系走向全民覆盖，其中政府在医疗保障筹资中扮演着积极而有效的角色（顾昕，2010）。中国政府在卫生筹资上的功能强化，主要是通过“补供方”和“补需方”两个途径。据统计，新医改启动以来，国家财政对医疗卫生累计投入达2.2万亿元，其中，中央财政对医疗卫生累计投入6555亿元，医保投入近3000亿元，占一半左右。从国际趋势来看，对医保作为需方的投入应该逐步增加，最终占据医疗卫生总投入大部分的比例。[①] 因此，未来政府在医疗卫生领域“供需皆补”的前提下，应继续加大对“补需方”的投入力度，着力提高基本医疗保险的保障水平，进一步释放城乡居民的医疗服务需求，扩大实际购买能力，从而改善其健康状况，提高居民的福利水平和幸福感。

---

① 杜创．四年医改财政投入逾2万亿，学者称应多补需方［EB/OL］．财新网，China.caixin.com/100502398.html，2013-03-16.

第三节　医疗服务消费研究

——基于政府与城镇居民的支出弹性研究

一、引言

随着国民经济的发展，近年来，我国医疗卫生费用快速增长。据统计，医疗卫生总费用占 GDP 比例从 2001 年的 4.58% 增长到 2013 年的 5.57%，人均卫生总费用从 2001 年的 393.80 元增长到 2013 年的 2327.37 元，年均复合增长率达到 16% 以上。[①] 医疗卫生支出的不断上涨必然会加大政府财政预算融资的压力。自 20 世纪 70 年代以来，发达国家的学者就开始研究导致医疗卫生支出不断上涨的因素。事实上，影响医疗卫生支出的因素很多，如收入增长、人口结构、医疗保障水平、城市化、医疗服务供给和医疗技术进步等。但以往大量的实证研究一致发现，经济增长（收入）是决定性因素，并且医疗卫生支出与经济增长之间存在着长期稳定的关系（Hansen & King，1996；McCoskey & Selden，1998；Gerdtham & Löthgren，2000；Donald G. Freeman，2003；Todd Jewell et al.，2003；Jesús Clemente，2004；Win Lin Chou，2007）。我们用 1996 ~ 2013 年省级政府医疗卫生支出与经济增长、城镇居民医疗保健支出与可支配收入之间的数据简单模拟发现，医疗支出与经济增长（收入）之间确实存在一种长期的线性关系（见图 5 –6）。

在考察医疗支出与经济增长之间是否存在长期均衡关系的同时，很多相关研究产生了一个争议，即医疗卫生支出收入弹性的大小，也就是医疗服务到底是必需品还是奢侈品。在探讨医疗服务性质之前，我们首先要厘清医疗服务的概念。一般来讲，医疗服务分为两类：一类是公共卫生，即纯粹的公共产品；另一类是基本医疗，包括对已经出现的各种人体疾病进行治疗，使人体恢复健康状态的临床医疗服务。本书所探讨的医疗服务主要是指基本医疗服务，不包括公共卫生服务。研究基本医疗服务属于必需品还是奢侈品的意义在于，它反映了人们对于基本医疗在国民经济当中的地位的认识。如果基本医疗对老百姓来说是一种必需品

---

① 国家卫生和计划生育委员会.2014 中国卫生和计划生育统计年鉴［M］. 北京：中国协和医科大学出版社，2014.

的话，那就意味着政府在这种民生性物品领域的筹资上必须承担积极的责任（Anthony J. Culyer，1988；Livio Di－Matteo，2003）。

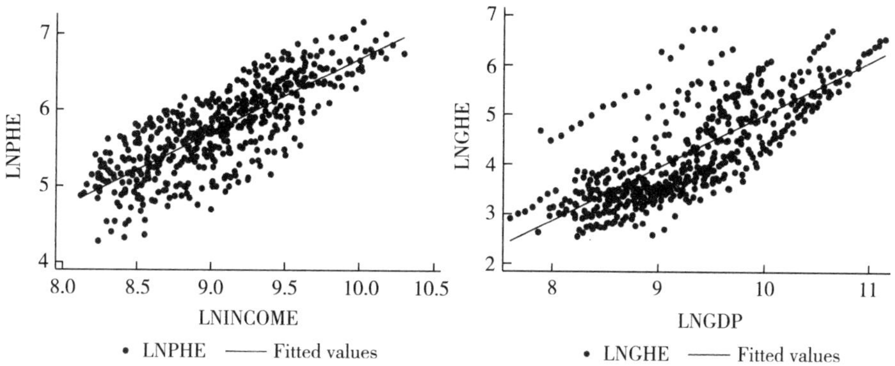

图5－6　医疗支出与经济增长（收入）关系的散点图模拟

注：LNGHE表示各省人均政府卫生支出的对数值，LNGDP表示各省人均地区生产总值的对数值；LNPHE表示各省城镇居民家庭人均医疗保健支出对数值，LNINCOME表示各省城镇居民家庭人均可支配收入对数值。

资料来源：根据《中国财政年鉴》（1995～2013）和《中国统计年鉴》（1995～2013）相关数据计算得到。

为此，本书在以往研究思路的基础上，基于政府医疗卫生支出和城镇居民家庭医疗保健支出两个层面，利用中国省级数据考察医疗卫生支出的收入弹性，讨论医疗服务在中国是必需品还是奢侈品并挖掘它的政策含义。

二、文献综述

近四十年来，国外学者在考察医疗卫生支出与经济增长的长期关系的基础上，对于医疗服务是必需品还是奢侈品这一问题做了大量的实证研究。早期的研究，如Newhouse（1977）、Leu（1986）、Parkinet等（1987）、Gerdtham等（1992）采用OECD跨国截面数据研究发现，医疗卫生支出的弹性都大于1，认为医疗服务是奢侈品。20世纪90年代以来，随着研究样本的丰富和研究方法的改进，很多学者开始采用面板数据考察OECD国家的医疗支出弹性，但在结论上存在一定分歧。如Blomqvist和Carter（1997）、Gerdtham等（1998）、Barros（1998）利用20世纪60～90年代的跨国数据和Anindya Sen（2005）、Van Elk等（2009）、Badi H. Baltagi和Francesco Moscone（2010）利用1970年以来的跨国数据研究发现，医疗支出弹性小于1，是必需品，Jesús Clemente等（2004）、Vincenzo Atella（2006）、Paresh Kumar Narayan 等（2011）的研究发现，医疗支出弹性大于 1，因而是奢侈品。

早期的研究都是基于 OECD 国家的截面数据，样本数据较小，无法考察到时间效应和国家效应，而且研究中仅限于支出与增长两个变量，因而其系数估计结果的可信度不高。20 世纪 90 年代以来，由于可获得的样本数据日益完善和估计方法不断改进，特别是在解释变量中除了收入因素外，还考虑了人口结构、城镇化、医疗技术进步和医疗体制差异等因素，使得医疗卫生支出的收入弹性值有所下降，甚至表现为一种必需品。但我们从 OECD 跨国研究中很难发现一致的结论，其原因在于，跨国研究中存在因各国经济发展水平的差异、医疗卫生体制不同、医疗服务价格难以统一以及劳动力市场的分割等因素，从而导致其估计误差较大。然而对于某个国家各地区的相关面板研究来说，基本不存在上述问题，因而其结论也会相对稳定。

尽管有关医疗服务性质问题的讨论非常丰富，但很难形成一致的结论。这其中，除了估计方法、各国医疗体制差异等因素的影响外，一个重要的原因就是，以往相当多的研究都集中在全部健康支出这一变量上，而没有将政府医疗卫生支出和个人医疗支出具体区分开来。这种笼统的研究势必忽略政府和个人医疗支出行为的差异。Jesús Clemente（2004）、Vincenzo Atella（2006）的研究中就已经注意到了这一问题，并将政府和个人医疗支出区分开来讨论。从近几年的实证研究来看，大部分国内外学者一致发现居民（个人）的医疗支出弹性小于 1，也就是说，医疗服务对个人来说是一种必需品（Mocan 等，2004；封进和秦蓓，2006；林相森和舒元，2007；叶春辉等，2008；谭涛等，2014）。然而对政府医疗卫生支出来说，尽管 Getzen（2000）提出了健康服务既是必需品也是奢侈品，即健康服务对个人来说是必需品，对国家来说是奢侈品的论断，但他本人并未从实证角度证明这一结论，并且后续的很多实证研究（Giannoni & Hitiris，2000；Donald G. Freeman，2003；Moscone & Tosetti，2010；Sükü，2011）发现政府的医疗支出弹性也是小于 1 的。

综合以往的相关研究发现，国内外的研究大都将政府医疗支出和个人医疗支出分开考察，很少将二者放在一个统一的框架综合分析。本书的研究将弥补这一不足，并尝试有所创新：首先，将政府医疗卫生支出和居民家庭医疗卫生支出放在一个统一的宏观分析框架内，利用面板单位根和协整检验方法，考察医疗支出与经济增长（收入）之间是否存在长期均衡关系；其次，在协整检验基础上，我们构建政府和城镇居民医疗支出模型，采用最小二乘估计、双向固定面板和两阶段最小二乘估计三种估计策略，分别估计政府医疗支出和家庭医疗支出的收入弹性，进而判断医疗服务在中国到底是必需品还是奢侈品这一问题；最后，考虑到结果的稳健性，我们采用广义矩估计法再次估计政府和居民医疗支出模型以和上述估计结果进行比较。

三、计量模型设定

本书在 Pan 和 Liu（2012）宏观医疗服务需求模型基础上，构建政府医疗卫生支出模型和居民家庭医疗卫生支出模型。总的来说，医疗卫生支出水平主要取决于收入水平、需求因素（如人口结构、健康状况、教育水平等）和其他社会因素（如城镇化、医疗保险覆盖水平等）三个方面。因此，本书从上述三个方面选取影响医疗卫生支出的重要变量，构建政府和居民家庭医疗卫生支出模型如下：

$$GHE_{it} = \alpha_0 + \alpha_1 GRP_{it} + \theta X_{it} + \mu_i + \varepsilon_{it} \quad (5-19)$$

$$PHE_{it} = \beta_0 + \beta_1 INCO_{it} + \delta Y_{it} + \gamma_i + \varepsilon_{it} \quad (5-20)$$

式（5－19）是政府医疗卫生支出模型，α_0 是常数项，μ_i 表示省份个体效应，i 表示省份，t 表示年份。被解释变量 GHE 表示人均政府医疗卫生支出。考虑到中国卫生筹资费用统计口径存在低估政府医疗卫生投入的问题①，因此，本文参考国际分类方法中广义政府卫生支出口径②。但由于历年各省广义政府卫生支出数据很难获取，所以本文将政府预算卫生支出③、城镇基本医疗保险基金支出（主要是城镇职工基本医疗保险和城镇居民基本医疗保险）和新农合基金支出三部分，近似作为广义政府卫生支出。

核心解释变量 GRP 表示人均地区总产值，反映了一个地区的经济发展水平。通常来说，一个国家（地区）的经济发展水平越高，政府在医疗卫生领域的投入就会越多。系数 α_1 表示政府医疗卫生支出对总产出的收入弹性，即医疗卫生支出的收入弹性，若 $\alpha_1>1$，对政府来说，医疗服务就是一种奢侈品；反之，医

---

① 根据中国卫生费用筹资分类口径，将社会基本医疗保险费、行政事业单位医疗卫生支出和农村居民医疗保障费用这些由政府投入的部分，都划入了社会卫生支出领域。

② 根据世界卫生组织国际分类方法，广义政府卫生支出包括狭义政府卫生支出、社会保障卫生支出和预算外支出三部分。其中，狭义政府卫生支出包括卫生事业费、中医事业费、计划生育事业费、食品和药品监督管理费、预算内基本建设经费、医学科研经费、卫生行政与医疗保险管理费、政府其他部门卫生经费；社会保障卫生支出包括行政事业单位医疗经费、企业职工医疗卫生费、社会基本医疗保险费、新型农村合作医疗经费、城乡医疗救助经费、社会其他保险医疗卫生费。

③ 政府预算卫生支出是在狭义政府卫生支出的基础上加上基本医疗保险基金补助经费、城乡医疗救助经费和高等医学教育经费。

疗服务就是一种必需品。

X 为一系列对被解释变量有较大影响的控制变量。考虑到中国财政分权以及中央转移支付在促进地方公共服务中的作用，特别是一些中西部地区的公共支出在很大程度上依赖于中央转移支付，在控制变量中，首要考虑的是中央转移支付因素。TRANS 表示人均中央转移支付。人口结构通常被认为是影响医疗支出的重要变量（Denton and Spencer，1975；Maxwell，1981）。对个体来说，医疗保健支出在整个生命周期中的分布是不均衡的，通常在婴幼儿期和年老期的支出相对较大。近年来，国内外学者对人口老龄化与医疗卫生支出之间关系的研究越来越多，其中相当一部分的实证研究结果发现人口老龄化是导致医疗卫生开支上涨的重要因素（Grossman，1972；何平平，2006；余央央，2011）。为此，本书采用少年抚养比（POP14）和老年抚养比（POP65）表示人口结构的特征。控制变量 URB 表示城镇化率。社会因素中，最重要的是城镇化因素。以往研究发现，城镇化水平对医疗服务的需求有着重要影响（Kleiman，1974；Gerdtham et al.，1992；Crivelli et al.，2006）。

式（5－20）是城镇居民家庭医疗卫生支出模型。β_0 是常数项，γ_i 表示省份个体效应。被解释变量 *PHE* 表示家庭人均医疗保健支出。核心解释变量 *INCO* 表示人均家庭可支配收入水平。系数 β_1 表示家庭医疗保健支出的收入弹性，其含义同上。*Y* 是一系列控制变量，包括人口少年抚养比 *POP*14、老年抚养比 *POP*65、城镇化率 *URB* 和人均政府医疗卫生投入水平 *GHE*。

四、实证分析

1. 数据来源与变量统计特征

本书样本包括 1996～2013 年 31 个省、自治区和直辖市。各省政府医疗卫生支出数据来自《中国财政年鉴》（1995～2013）、《中国卫生总费用研究报告》（2006～2013），中央转移支付数据来自 CEIC 统计数据库，城镇基本医疗保险支出数据来自《中国劳动统计年鉴》（2000～2014），其他数据来自《中国统计年鉴》（1995～2014）。表 5－12 为主要变量的定义及统计描述。

表 5－12　变量定义及其统计描述

变量	变量定义及计算方法	平均值	标准差	最小值	最大值
GHE	省级政府人均实际医疗卫生支出自然对数值	4.248	0.83	2.54	6.547
GRP	省级政府人均实际产出的自然对数值	9.306	0.723	7.605	11.145

续表

变量	变量定义及计算方法	平均值	标准差	最小值	最大值
TRANS	各省人均实际中央转移支付的自然对数值	2.129	0.782	0.343	4.706
PHE	城镇居民家庭人均实际医疗保健支出自然对数值	5.757	0.567	4.276	7.160
INCO	城镇居民家庭人均实际可支配收入自然对数值	9.051	0.464	8.118	10.294
BMI	城镇基本医疗保险人均支出，包括“城镇居民基本医疗保险（城居保）和城镇职工基本医疗保险（城职保）”	5.959	0.563	3.486	7.770
POP14	少年抚养比，即 0~14 岁人口占总人口比重	0.284	0.091	0.096	0.578
POP65	老年抚养比，即 65 岁以上人口占总人口比重	0.112	0.027	0.043	0.219
URB	城镇化率，城镇常住人口占总人口比重	0.425	0.167	0.138	0.893
TEMP	各省省会城市一年中最高温度的月份与最低温度的月份之差，单位：摄氏度	3.202	0.312	2.282	3.816
FMA	各省省会城市到海岸线距离的倒数再乘以 100，单位：公里	1.981	3.521	0.05	23.877

注：除了人口结构和城镇化率外，其他变量指标均用 GDP 平减指数、CPI 指数和医疗保健价格指数进行了相应调整。

资料来源：各省政府医疗卫生支出数据来自《中国财政年鉴》（1995~2013）、《中国卫生总费用研究报告》（2006~2013），中央转移支付数据来自 CEIC 统计数据库，城镇基本医疗保险支出数据来自《中国劳动统计年鉴》（2000~2014），其他数据来自《中国统计年鉴》（1995~2014）。

2. 面板单位根与面板协整检验

在估计医疗支出的弹性之前，本书首先采用面板单位根和协整检验方法考察医疗卫生支出与经济增长（收入）之间的关系。现有面板单位根检验主要分两种类型：一类是假设所有截面的自回归系数相同，代表性假设检验包括 LLC 检验、Breitung 检验和 Hadri 检验；另一类则放宽了同质性的假设，允许截面的自回归系数不同，代表性建设检验包括 IPS 检验、Fisher - ADF 检验、Fisher - PP 检验和 MW 检验。考虑到本书数据为大 N 小 T 型平衡面板数据，为保证结果的稳健性，本书采用了 LLC 检验、Breitung 检验、IPS 检验和 Fisher - ADF 检验四种方法对数据进行单位根检验，结果如表 5 - 13 所示。

从表 5 - 13 可以看出，变量 GHE、GRP、PHE 和 INCO 水平值的所有单位根检验均不能拒绝“存在单位根”的原假设，而对其一阶差分值进行检验时，变量 GHE、PHE 和 INCO 的各种检验结果均拒绝“存在单位根”的原假设，因此，这些变量为 I（1）过程。变量 GRP 一阶差分值的单位根检验结果中，除 IPS 检验结果接受“存在单位根”的原假设外，其他三类检验均拒绝原假设，所以综合可得，变量 GHE、GRP、PHE 和 INCO 均为一阶单整 I（1）过程。

表 5-13　面板单位根检验结果

变量	面板单位根检验方法							
	LLC		Breitung		IPS		ADF-Fisher	
	水平值	差分值	水平值	差分值	水平值	差分值	水平值	差分值
GHE	-0.984 (0.1626)	14.974*** (0.0000)	-0.282 (0.3889)	-9.069*** (0.0000)	0.739 (0.7701)	-13.604** (0.0406)	-1.338 (0.9095)	11.053* (0.0760)
GRP	0.928 (0.8233)	-5.715** (0.01009)	1.794 (0.9636)	-3.955** (0.0310)	5.809 (1.0000)	-4.203 (0.2501)	-2.311 (0.9896)	1.324** (0.0342)
PHE	-3.031 (0.0012)	13.626*** (0.0000)	-1.169 (0.1212)	-6.535*** (0.0000)	-1.215 (0.1122)	11.057*** (0.0000)	0.636 (0.2623)	15.100*** (0.0000)
INCO	-3.393 (0.0003)	14.422*** (0.0000)	0.299 (0.6175)	-5.834** (0.0231)	-0.620 (0.2677)	12.904*** (0.0000)	-0.289 (0.6138)	14.066*** (0.0000)

注：括号内为 P 值，***、**、* 分别表示在 1%、5% 和 10% 的显著水平上通过统计检验。

资料来源：各省政府医疗卫生支出数据来自《中国财政年鉴》（1995~2013）、《中国卫生总费用研究报告》（2006~2013），中央转移支付数据来自 CEIC 统计数据库，城镇基本医疗保险支出数据来自《中国劳动统计年鉴》（2000~2014），其他数据来自《中国统计年鉴》（1995~2014）。

在面板单位根基础上，接下来将对变量进行协整检验，以考察政府医疗卫生支出与经济增长之间和城镇居民医疗保健支出与收入之间的长期均衡关系。本书采用 Westerlund（2007）提出的面板协整检验方法。该方法包含四个统计量，原假设均为不存在协整关系，备择假设为至少存在一对协整关系（Gt，Ga），或面板整体上存在协整关系（Pt，Pa）。由于本书样本数据不是很大，为了结果更加稳健，进一步采用自抽样（Bootstrap）的方法给出估计结果的 P 值。表 5-14 的 P 值和自抽样下的 P 值显示，除 Ga 统计量接受了原假设之外，大部分统计量都拒绝了原假设，说明“政府医疗卫生支出和经济增长”“城镇居民医疗保健支出和收入”之间存在显著的协整关系，即经济增长（收入）与医疗支出之间存在长期稳定的关系。

表 5-14　面板协整检验结果

统计量	政府医疗支出模型				城镇居民医疗支出模型			
	Value	Z-val	P-val	Robust P-val	Value	Z-val	P-val	Robust P-val
Gt	-6.192	26.595	0.017	0.000	-2.697	2.239	0.083	0.013
Ga	-4.699	6.026	0.743	0.123	-15.314	6.417	0.171	0.145
Pt	10.541	-4.151	0.007	0.042	-10.054	-3.299	0.049	0.052
Pa	12.378	-1.622	0.059	0.021	-17.683	-5.327	0.061	0.018

注：Gt 和 Pt 统计量均不考虑序列相关，Ga 和 Pa 统计量均考虑序列相关；Robust P-value 是样本自抽样（Bootstrap）500 次后得到的稳健性 P 值。

资料来源：有关各省政府医疗卫生支出数据来自《中国财政年鉴》（1995~2013）、《中国卫生总费用研究报告》（2006~2013），中央转移支付数据来自 CEIC 统计数据库，城镇基本医疗保险支出数据来自《中国劳动统计年鉴》（2000~2014），其他数据来自《中国统计年鉴》（1995~2014）。

接下来，在面板协整检验基础上，构建误差修正模型，估计结果见表 5-15。从表 5-15 可以看出，无论哪一种估计结果，误差修正模型的调整系数都是负值且通过了 1% 水平的显著性检验，符合反向修正原理，表明所建误差修正模型是正确的。就政府医疗卫生支出模型来看，两种估计方法下的长期弹性系数都显著大于 1（分别是 2.52 和 2.50），说明从长期来看，医疗服务对政府来说是一种奢侈品，而在短期中，医疗卫生支出的收入弹性小于 1；就城镇居民家庭医疗保健支出模型来看，两种估计方法下的长期弹性系数和短期弹性系数都显著且小于 1（分别是 0.67、0.70 和 0.54、0.51），说明医疗服务对居民来说是一种必需品。并且，无论是哪一个变量，都可以明显地看到，长期中的系数要比短期中的系数值大，这表明长期中会有更多的时间用来调整。最后，Hausman 检验结果接受原假设，故固定效应模型是更佳估计量。

3. 医疗支出弹性的估计

（1）估计策略。本书依次采用最小二乘法、双向固定效应模型和两阶段最小二乘法三种计量识别策略，分别估计政府和城镇居民医疗卫生支出的收入弹性。OLS 估计的有效性依赖于很强的假设，即在加入有限的控制变量后，核心解释变量不和误差干扰项相关。这就要求必须控制所有可能影响城镇居民家庭医疗保健支出并与居民家庭可支配收入相关的变量。任何变量的遗漏都会导致估计结果有偏。但是，遗漏变量是不可避免的。双向固定效应模型可以避免所有由不随时间变化或者不随省份变化因素所导致的遗漏变量偏倚问题。举例而言，沿海开放省份居民的医疗保健支出水平整体上好于内陆省份，控制省份固定效应，可以

表 5－15　误差修正模型结果

解释变量	政府		城镇居民	
	MG	FE	MG	FE
GRP	2.52*** (0.30)	2.50*** (0.17)		
D. GRP	0.58 (0.55)	0.82** (0.36)		
INCO			0.67*** (0.08)	0.70*** (0.06)
D. INCO			054** (0.26)	0.51** (0.20)
EC（误差修正系数）	－0.22*** (0.03)	－0.42*** (0.02)	－0.47*** (0.04)	－0.27*** (0.03)
Hausman 检验	0.00 FE 估计		0.00 FE 估计	

注：MG 估计是指各个截面的长期和短期系数均不同，即完全的界面异质性，采用 OLS 获得每个截面的估计系数；FE 估计是指各个截面具有相同的短期和长期系数，但有不同的截距项（个体效应），采用 FE 估计方法。

资料来源：有关各省政府医疗卫生支出数据来自《中国财政年鉴》（1995～2013）、《中国卫生总费用研究报告》（2006～2013），中央转移支付数据来自 CEIC 统计数据库，城镇基本医疗保险支出数据来自《中国劳动统计年鉴》（2000～2014），其他数据来自《中国统计年鉴》（1995～2014）。

剔除地区区位因素的影响。另外，医疗体制改革和社会保障制度的完善对居民医疗保健支出水平也有重要影响，但是在同一时期，所有省份的居民面临的医疗政策和制度环境是相同的，因此可以由时间固定效应加以控制。但是，固定效应回归无法解决随时间和地区变化因素所引起的遗漏变量问题，因而可能导致估计系数偏高或偏低。一个不可忽视的关键问题就是模型本身存在的内生性问题，即医疗支出与收入之间可能存在着反向因果关系。根据人力资本理论，健康支出会影响人口的健康状况，进而影响劳动生产率或总产出（Gyimah－Brempong and Wilson，2004；Beraldo et al.，2009）。Grossman（1972）指出，健康既是一种消费品，它可以使消费者感觉良好，同时又是一种投资品，因为健康状态将决定消费者用于工作、闲暇的时间的多少，生病天数减少的货币价值就是健康投资的回报。当健康作为一种投资品时，健康投入的多少就决定了人们可以获得的人力资本的多少。也就是说，如果人们将收入中的一部分用于医疗保健支出从而使自己保持健康状态，那么人们就可以通过增加工作时间、提高工作效率、获得新的工作机会等方式增加自身的人力资本积累，这种投资的收益即是疾病损失的避免、收入的增加和个人福利的改进。这一观点后来也被 Strauss 和 Thomas（1998）、Zon 和 Muysken（2001，2003）、Laxminarayan（2004）以及 Liu 等（2008）的研究进一步证实。

为克服内生性问题，在 Daron Acemoglu 等（2009）的研究中，他们用石油价格与美国次区域石油储备的交乘项作为外生工具变量，用于估计收入对健康支出的影响。考虑中国的实际情况，本书采用每个省会城市每年的温度差分（TEMP）① 和每个省的海外市场接近度（FMA）② 分别作为解释变量 GRP 和 INCO 的外生工具变量。对中国来说，国内的农业产量对稳定经济增长率至关重要。经过研究发现，中国很多经济周期中的所有不好的年景都伴随着农业歉收现象（Yao，2000）。Zhang（2008）通过对中国最大的农业省份——山东省的家庭生产调查发现，严重的气候灾害会导致贫困率的上升，进而伴随着农业带来的各种风险因素（如农产品价格波动、农业投入质量等），因此，气候灾害的外部影响最大。Boyd 等（2011）和 Xu 等（2011）的研究也强调了中国气候变化对农业部门产出的影响。基于上述讨论，笔者认为把气候变化作为工具变量是有合理性的，因为它通过对农业生产的不利影响进而影响到地区经济增长。国外市场接近度与各省区的出口和对外贸易开放度密切相关。各省区越接近国外市场，其对外贸易的开放度一般就越高，而当地居民的收入水平也会更高。

（2）结果分析。表 5 - 16 报告了政府医疗卫生支出模型的实证结果。在三种估计策略下，政府的医疗支出收入弹性都是显著大于 1 的。就 OLS 估计看，除了地区生产总值外，中央转移支付、人口结构和城镇化率对政府卫生支出均有显著积极的影响。中央转移支付的系数为 2.55，在 1% 的水平下显著。显然，中央转移支付在提升地方政府公共服务能力方面发挥着重要作用。在中央财政卫生支出中，主要以对地方政府的转移支付为主。2003 年的“非典”过后，中央财政明显加强了对地方财政卫生转移支付的力度。据统计，在 2003 年之后保持着每年 20% 以上的增长速度。人口少年抚养比系数显著为正，即少年抚养人口比例的提高对政府医疗支出的上涨有很大的推动作用。人口老年抚养比对政府医疗支出的

① 这是由 He（2011）提出来，后来被 Miguel 等（2004）改进的，用来衡量气候变化的年温度差，用一年中最高温度的月份与最低温度的月份之差来表示。

② 参考黄玖立和李坤望（2006），取各省区省会城市到海岸线距离的倒数（乘 100 倍）为国外市场接近度。

影响是不确定的。在双向固定效应估计中，除收入弹性、人口老龄化和常数项显著外，其他变量的系数均不显著，并且人口老龄化系数变为正。虽然政府医疗支出的收入弹性依旧大于1，但模型整体估计结果和OLS估计差异较大。考虑到遗漏变量和健康支出、经济增长之间的反向因果关系而导致的内生性问题，我们在两阶段最小二乘估计（2SLS）加入了外生工具变量——一个省会城市每年的温度差分（TEMP）。总体来看，2SLS估计和OLS估计结果比较接近，无论是核心解释变量，还是控制变量的估计系数差异都不大。

接着，我们采用Durbin - Wu - Hausman检验模型是否存在内生性问题。从表5 - 16中报告的DWH统计量来看，原假设（即内生解释变量GRP与干扰项不相关）被拒绝了，即模型存在内生性问题。为了确保工具变量的合理性，本书继续做了两个方面的检验：一是过度约束检验，即检验工具变量是否合理，结果显示Score chi2（1）=18.13，p=0.0715，接受原假设，即工具变量FMA的设定是合理的；二是弱工具变量检验，即工具变量与内生解释变量是否存在较强的相关性，结果显示在10%水平下Wald检验为19.93，明显小于最小特征值661，因而拒绝了弱工具变量的原假设。

表5 - 16 政府医疗卫生支出收入弹性估计结果

	OLS估计		FE估计		2SLS估计
GRP	1.07*** (0.03)	1.47** (0.07)	1.45*** (0.50)	1.20** (0.49)	1.52*** (0.07)
TRANS		2.55*** (0.19)		0.59 (0.43)	2.60*** (0.18)
POP14		2.90*** (0.40)		-0.08 (0.56)	2.85*** (0.47)
POP65		-1.67 (0.97)		3.57** (1.54)	-1.74 (0.99)
URB		1.01*** (0.28)		0.69 (0.54)	0.94*** (0.30)
cons	-5.69*** (0.31)	-11.61*** (0.70)	-8.96** (4.28)	-7.63* (4.20)	-12.02*** (0.69)
Adj - R^2	0.60	0.74	0.34	0.36	0.73
DWH检验					15.71***

续表

	OLS 估计		FE 估计		2SLS 估计
过度识别检验（Hansen J）					18.13
弱工具变量检验（Aderson LR）					19.93

注：括号内为稳健型标准误，***、**、*分别表示在1%、5%和10%水平上统计显著。DWH 统计量用于检验模型的设定中是否存在内生性偏误；Hansen J 统计量和 Aderson LR 统计量分别用于检验模型的估计是否存在过度识别和识别不足问题。

资料来源：各省政府医疗卫生支出数据来自《中国财政年鉴》（1995～2013）、《中国卫生总费用研究报告》（2006～2013），中央转移支付数据来自 CEIC 统计数据库，城镇基本医疗保险支出数据来自《中国劳动统计年鉴》（2000～2014），其他数据来自《中国统计年鉴》（1995～2014）。

表5－17 报告了三种识别策略下城镇居民医疗支出收入弹性的实证结果。就弹性值来看，OLS 估计和 2SLS 估计结果显示居民的医疗支出弹性明显小于1，医疗服务对居民来说是一种必需品，而固定效应模型的弹性估计值大于1。从控制变量来看，固定效应估计效果不太理想，且模型拟合程度不高（在0.423～0.53之间）。OLS 估计和 2SLS 估计效果优于固定效应模型（R^2 都在0.7左右），二者结果一致显示，政府医疗卫生投入和城镇化对居民医疗支出均有显著的积极影响，而人口少年抚养比对居民医疗支出的影响显著为负，估计系数均小于－1说明少年抚养比的下降会促进家庭医疗保健支出的增加。对于这一点，可以理解为，随着独生子女步入育龄期，他们所经历的成长环境的差异会带来育儿观念、儿童保健服务需求的变化。由传统的抚养模式转变为培养模式，关注的不仅仅是身体的健康，更重要的是疾病的预防、生长发育过程中的实时监测、记忆心理健康方面的干预和咨询，从而导致了医疗保健支出的增加。人口老龄抚养比对居民医疗支出的影响是不确定的。在内生性检验方面，DWH TEST 检验结果发现模型具有内生性。过度识别和弱工具变量分别显示工具变量 IMEX 是合理的，且不存在弱工具变量问题。

为进一步考察政府医疗卫生投入对居民医疗支出的影响，我们进一步将政府卫生投入中用于城镇居民基本医疗保险支出的部分提取出来单独考察。其原因在于，本书采用的人均政府医疗卫生投入变量是一个近似“广义的”口径，它既包括政府对医疗卫生机构的投入（即“补供方”），也包括政府对医保的投入（即“补需方”），尤其是“补需方”部分，对家庭医疗支出的影响是最直接的。

表 5-17　城镇居民家庭医疗卫生支出收入弹性估计结果

	OLS 估计			FE 估计			2SLS 估计	
INCO	0.98*** (0.03)	0.48*** (0.08)	0.64*** (0.05)	1.81*** (0.41)	1.24*** (0.17)	1.56*** (0.20)	0.33*** (0.07)	0.54*** (0.05)
GHE		0.10*** (0.03)			0.55*** (0.09)		0.13*** (0.03)	
BMI			0.05 (0.03)			0.20*** (0.05)		0.07*** (0.03)
POP14		-1.65*** (0.22)	-1.57*** (0.21)		-0.37 (0.58)	-0.44 (0.56)	-1.57*** (0.25)	-1.48*** (0.22)
POP65		-0.33 (0.66)	-1.05* (0.60)		0.61 (0.96)	1.36 (1.18)	0.34 (0.59)	-0.56 (0.58)
URB		0.49*** (0.14)	0.56*** (0.13)		0.35 (0.44)	0.89 (0.58)	0.62** (0.14)	0.69*** (0.13)
常数项	-3.08*** (0.26)	1.30** (0.55)	-0.01 (0.34)	-10.44*** (3.45)	-7.17*** (1.38)	-9.69*** (2.77)	2.36*** (0.53)	0.59* (0.34)
Adj - R^2	0.64	0.73	0.72	0.42	0.48	0.53	0.71	0.71
DWH 检验							13.83***	14.85***
过度识别检验 (Hansen J)							0.19	0.17
弱工具变量检验 (Aderson LR)							19.93	19.93

注：括号内为稳健型标准误，***、**、*分别表示在1%、5%和10%水平上统计显著。DWH 统计量用于检验模型的设定中是否存在内生性偏误；Hansen J 统计量和 Aderson LR 统计量分别用于检验模型的估计是否存在过度识别和识别不足问题。

资料来源：各省政府医疗卫生支出数据来自《中国财政年鉴》（1995~2013）、《中国卫生总费用研究报告》（2006~2013），中央转移支付数据来自 CEIC 统计数据库，城镇基本医疗保险支出数据来自《中国劳动统计年鉴》（2000~2014），其他数据来自《中国统计年鉴》（1995~2014）。

因此，有必要将政府医保投入单独拿出来分析。理论上讲，政府提供医疗保险具有双重作用，一方面，医疗保险降低了医疗服务的有效价格，有助于提高医疗支出水平；另一方面，医疗保险的费用分担机制有效地降低了医疗支出。对于医疗保险对医疗支出的具体影响结果，以往研究中有相当一部分学者认为医疗保险有助于减轻老年人医疗支出的负担，尤其是老年人自付费部分（黄枫和甘犁，

2010；刘国恩等，2011；王翌秋和雷晓燕，2011）；还有学者认为，医疗保险释放了居民（特别是低收入群体）的医疗需求，刺激了参保者对医疗服务的消费，使得医疗总支出不减反增（Wagstaff Adam & Magnus Lindelow，2009；高梦滔，2010；赖国毅，2012；程令国等，2012；唐含宇等，2014）。我们在三种估计策略中均给出了考虑“城镇基本医疗保险人均支出”控制变量的估计。结果依然显示，相比双向固定效应模型，OLS 回归和 2SLS 回归结果较为理想。考虑人均医保投入后，城镇居民的医疗服务仍然表现为一种必需品，但其支出弹性均有所提升，分别从 0.48 提升到 0.64，从 0.33 提升到 0.54，说明提高居民的医保程度，有助于缓解家庭看病就医时所面临的预算约束，释放居民对医疗服务的消费需求，从而带来医疗支出绝对水平和相对水平的不断提高。

（3）稳健性检验。考虑到上述 OLS 估计、TSLS 估计与双向固定效应模型估计结果的差异较大，在稳健性检验部分，本书进一步引入广义矩估计方法控制模型的内生性偏误（见表 5－18）。在 GMM 估计中，政府医疗支出弹性仍然显著大于 1，而城镇居民医疗支出弹性仍然显著小于 1，进一步说明了医疗服务对政府来说是一种奢侈品，而对居民来说是必需品。人口少年抚养比和城镇化对政府和居民家庭的医疗支出均有显著影响，人口老龄化因素是不显著的。总体看来，在考虑内生性问题下，GMM 估计和 2SLS 估计基本一致，进而验证了我们模型估计结果的稳定性和可靠性。

表 5－18 稳健性检验：广义矩估计

政府	GMM 估计	城镇居民	GMM 估计
GRP	1.46*** (0.08)	INCO	0.54*** (0.05)
TRANS	2.48*** (0.20)	BMI	0.06** (0.03)
POP14	3.17*** (0.45)	POP14	－1.59*** (0.22)
POP65	－1.35 (1.00)	POP65	－0.54 (0.58)
URB	1.38*** (0.29)	URB	0.65*** (0.13)

续表

政府	GMM 估计	城镇居民	GMM 估计
CONS	-11.82*** (0.76)	CONS	0.77** (0.34)
Adj - R^2	0.72	Adj - R^2	0.71
DWH 检验	15.71***	DWH 检验	14.85***
过度识别检验（Hansen J）	12.65	过度识别检验（Hansen J）	0.11
弱工具变量检验（Aderson LR）	19.93	弱工具变量检验（Aderson LR）	19.93

注：括号内为稳健型标准误，***、**、*分别表示在1%、5%和10%水平上统计显著。DWH 统计量用于检验模型的设定中是否存在内生性偏误；Hansen J 统计量和 Aderson LR 统计量分别用于检验模型的估计是否存在过度识别和识别不足问题。

资料来源：各省政府医疗卫生支出数据来自《中国财政年鉴》（1995～2013）、《中国卫生总费用研究报告》（2006～2013），中央转移支付数据来自 CEIC 统计数据库，城镇基本医疗保险支出数据来自《中国劳动统计年鉴》（2000～2014），其他数据来自《中国统计年鉴》（1995～2014）。

五、结论与启示

本书根据 1996～2013 年的省级面板数据，分别构建了政府和城镇居民医疗卫生支出的协整和误差修正模型，考察医疗卫生支出与经济增长（收入）之间是否存在长期均衡关系。在此基础上，利用最小二乘法、双向固定效应模型和两阶段最小二乘法三种估计策略，分别估计政府和城镇居民医疗支出的收入弹性，考察医疗服务对政府和居民来说到底是必需品还是奢侈品。文章结论如下：①面板单位根和面板协整检验结果证明，政府医疗卫生支出与经济增长之间、城镇居民医疗保健支出与收入之间存在长期的均衡关系，并且从长期来看，政府医疗卫生支出的弹性大于 1，城镇居民的医疗卫生支出弹性小于 1，这说明，长期以来，医疗服务对政府来说是一种奢侈品，而对居民来说是一种必需品。②OLS 和 2SLS 回归估计结果显示，政府医疗支出弹性大于 1，而城镇居民医疗支出弹性小于 1，进一步验证了医疗服务对政府来说是奢侈品，而对居民则是必需品。除此之外，人口少年抚养比和城镇化率对政府和居民医疗支出均有显著的影响，而人口老年抚养比的影响不确定。③在考虑政府对城镇基本医疗保险投入情况下，加入“城镇基本医疗保险人均支出”变量后，城镇居民的医疗支出弹性有明显上升，这说明提高居民的医保程度，有助于缓解家庭看病就医时所面临的预算约束，进而释放居民对医疗服务的消费需求。

在世界范围内，医疗保障体系和医疗服务体系都是公共服务的组成部分。虽然各国的改革存在诸多差异，但一个共同的趋势就是，医疗保障体系走向全民覆盖，其中政府在医疗保障筹资中扮演着积极而有效的角色（顾昕，2010）。中国政府在卫生筹资上的功能强化，主要是通过“补供方”和“补需方”两个途径。据统计，新医改启动以来，国家财政对医疗卫生累计投入达 2.2 万亿元，其中，中央财政对医疗卫生累计投入 6555 亿元，医保投入近 3000 亿元，占一半左右。从国际趋势来看，对医保作为需方的投入应该逐步增加，最终占据医疗卫生总投入大部分的比例。① 因此，未来政府在医疗卫生领域“供需皆补”的前提下，应重点加大对“补需方”的投入力度，着力提高基本医疗保险的保障水平，进一步释放城乡居民的医疗服务需求，扩大实际购买能力，从而改善其健康状况，提高居民的福利水平和幸福感。

参考文献

[1] 陈洪海，黄丞，陈忠．我国卫生费用与经济增长关系研究［J］．预测，2005（6）：24－27.

[2] 程令国，张晔．“新农合”：经济绩效还是健康绩效？［J］．经济研究，2012（1）：120－133.

[3] 杜创．四年医改财政投入逾 2 万亿，学者称应多补需方，财新网，China. caixin. com/2013－03－16/100502398. html，2013－03－16。

[4] 封进，秦蓓．中国农村医疗消费行为变化及其政策含义［J］．世界经济文汇，2006（1）：75－88.

[5] 高梦滔．新型农村合作医疗与农户卫生服务利用［J］．世界经济，2012（10）：79－97.

[6] 顾昕．公共财政转型与政府卫生筹资责任的回归［J］．中国社会科学，2010（2）：103－222.

[7] 何平平．中国卫生总费用增长因素研究［J］．统计与信息论坛，2006（1）：37－41.

① 杜创．四年医改财政投入逾 2 万亿，学者称应多补需方［EB/OL］．财新网，China. caixin. com/2013－03－16/100502398. html，2013－03－16.

[8] 黄枫，甘犁．过度需求还是有效需求？——城镇老人健康与医疗保险的实证分析［J］．经济研究，2010（6）：105－119.

[9] 黄玖立，李坤望．出口开放、地区市场规模和经济增长［J］．经济研究，2006（6）：27－38.

[10] 赖国毅．医疗保障与老年医疗消费的实证分析［J］．社会保障研究，2012（6）：46－57.

[11] 林相森，舒元．我国居民医疗支出影响因素的实证分析［J］．南方经济，2007（6）：22－30.

[12] 刘国恩，蔡春光，李林．中国老人医疗保障与医疗服务需求的实证分析［J］．经济研究，2011（3）：95－118.

[13] 马训舟，张世秋，穆泉．二次近似完美需求体系的应用研究——以北京市城市居民用水需求弹性分析为例［J］．北京大学学报（自然科学版），2012（5）：483－490.

[14] 谭涛，张燕媛，何军．中国农村居民家庭医疗消费支出的影响因素及弹性分析［J］．上海财经大学学报，2014（3）：63－112.

[15] 唐含宇，徐剑．医疗保险对城镇居民消费的影响探析［J］．现代管理科学，2014（8）：39－41.

[16] 王翌秋，雷晓燕．中国农村老年人的医疗消费与健康状况：新农合带来的变化［J］．南京农业大学学报（社会科学版），2011（2）：33－40.

[17] 吴蓓蓓，陈永福，于法稳．基于收入分层 QUAIDS 模型的广东省居民家庭食品消费行为分析［J］．中国农村观察，2012（4）：59－69.

[18] 叶春辉，封进，王晓润．收入、受教育水平和医疗消费：基于农户微观数据的分析［J］．中国农村经济，2008（8）：16－24.

[19] 余央央．老龄化对中国医疗费用的影响——城乡差异的视角［J］．世界经济文汇，2011（5）：64－79.

[20] 张玉梅，喻闻，李志强．中国农村居民食物消费需求弹性研究［J］．江西农业大学学报（社会科学版），2012（6）：7－13.

[21] 赵伟．中国城镇居民家庭消费结构升级研究［D］．北京：首都经济贸易大学博士学位论文，2007：1－167.

[22] Abdulai A. Household Demand for Food in Switzerland：A Quadratic Almost Ideal Demand System［J］. Swiss Journal Economic Statistic，2002，138：1－18.

[23] Acemoglu D，Finkelstein A，Notowidigdo M J. Income and Health Spend-

ing: Evidence from Oil Price Shocks [R]. NBER Working Paper, 2009.

[24] Atkinson A B, Gomulka J, Stern N H. Spending on Alcohol: Evidence from the Family Expenditure Survey 1970 – 1983 [J]. Economic and Social Research Council, 1990, 100: 808 – 827.

[25] Badi H Baltagi, Moscone F. Health Care Expenditure and Income in the OECD Reconsidered: Evidence from Panel Data [J]. Economic Modelling, 2010, 27: 804 – 811.

[26] Banks J, Blundell R, Lewbel A. Quadratic Engel Curves and Consumer Demand [J]. Review of Economis & Stats, 1997, 79: 527 – 539.

[27] Barros P. The Black Box of Health Care Expenditure Growth Geterminants [J]. Health Economics, 2003, 7 (6): 533 – 544.

[28] Beraldo S, Montolio D, Turati G. Healthy, Educated and Wealthy: A Primer on the Impact of Public and Private Welfare Expenditures on Economic Growth [J]. Journal of Behavioral and Experimental Economics, 2009, 38 (6): 946 – 956.

[29] Blomqvist A G, Carter R A L. Is Health Care Really a Luxury? [J]. Journal of Health Economics, 1997, 16 (2): 207 – 229.

[30] Boyd M, Pai J, Zhang Q, et al. Factors Affecting Crop Insurance Purchases in China: The Inner Mongolia Region [J]. China Agricultural Economic Review, 2011, 3 (4): 441 – 450.

[31] Bruce E Hansen. The Grid Bootstrap and the Autoregressive Model [J]. The Review of Economics and Statistics, 1999, 81 (4): 594 – 607.

[32] Chou, Win Lin. Explaining China's Regional Health Expenditures Using LM – Type Unit Root Tests [J]. Journal of Health Economics, 2007, 26 (4): 682 – 698.

[33] Clemente J, Marcuellob C, Montañésa A, Pueyoa F. On the International Stability of Health Care Expenditure Functions: Are Government and Private Functions Similar? [J]. Journal of Health Economics, 2004, 23 (3): 589 – 613.

[34] Clemente J. On the International Stability of Health Care Expenditure Functions: Are Government and Private Functions Similar? [J]. Journal of Health Economics, 2004, 23: 589 – 613.

[35] Crevelli L, et al. Federalism and Regional Health Care Expenditures: An Empirical Analysis for the Swiss Cantons [J]. Health Economics, 2006, 15: 553 –

541.

[36] Crivelli L, Filippini M, Mosca I. Federalism and Regional Health Care Expenditures: An Empirical Analysis for the Swiss Cantons [J] . Health Economics, 2006, 15 (5): 553 -541.

[37] Culyer J. Anthony. Health Care Expenditure in Canada: Myth and Reality, Past and Future [M] . Canada: Canadian Tax Foundation, 1998.

[38] Daron Acemoglu, et al. Income and Health Spending: Evidence from Oil Price Shocks [R] . NBER Working Paper No. 14, 2009.

[39] Denton F T, Spencer B G. Health Care Costs When the Population Changes [J] . Canadian Journal of Economics , 1975, (8): 130 -135.

[40] Di Matteo, Livio. The Income Elasticity of Health Care Spending: A Comparison of Parametric and Nonparametric Approaches [J] . The European Journal of Health Economics, 2003, 4 (1): 20 -29.

[41] Donald Freeman. Is Health Care a Necessity or a Luxury? Pooled Estimates of Income Elasticity from US State - Level Data [J] . Applied Economics, 2003, 35: 495 -502.

[42] Fan S, Wades E J, Cramer G L. Household Demand in Rural China: A Two - Stage LES - AIDS Mode [J] . American Journal of Agriculture Economics, 1995, 77: 847 -858.

[43] Freeman D. Is Health Care a Necessity or a Luxury? Pooled Estimates of Income Elasticity from US State - Level Data [J] . Applied Economics, 2003, 35 (5): 495 -502.

[44] Gerdtham U G, Lothgren M. On Stationary and Integration of International Health Expenditure and GDP [J] . Journal of Health Economics, 2000, 19 (4): 461 -475.

[45] Gerdtham U G, Søgaardb J, Anderssonc F, Jönssona B. An Econometric Analysis of Health Care Expenditure: A Cross - section Study of the OECD Countries [J] . Journal of Health Economics, 1992, 11 (1): 63 -84.

[46] Getzen T E. Health Care is an Individual Necessary and National Luxury: Applying Multilevel Decision Models to the Analysis of Health Care Expenditures [J] . Journal of Health Economics, 2000, 19 (2): 259 -270.

[47] Giannoni M, Hitiris T. The Regional Impact of Health Care Expenditure:

the Case of Italy [J]. Applied Economics, 2002 (34): 1829 - 1836.

[48] Gould B W, Villarreal H J. An Assessment of the Current Structure of Food Demand in Urban China [J]. Agriculture Economics, 2006 (34): 1 - 16.

[49] Grossman M. On the Concept of Health Capital and the Demand for Health [J]. Journal of Political Economy, 1972 (80): 223 - 255.

[50] Gyimah - Brempong K, Wilson M. Health Human Capital and Economic Growth in Sub - Saharan African and OECD Countries [J]. Quarterly Review of Economics and Finance, 2004, 44 (2): 296 - 320.

[51] Hansen P, King A. The Determinants of Health Care Expenditure: A Integration Approach [J]. Journal of Health Economics, 1996, 15 (1): 127 - 137.

[52] Hausman J A, Newey W K, Powell J L. Nonlinear Errors in Variables: Estimation of Some Engel Curves [J]. Journal of Economitrics, 1995 (65): 205 - 233.

[53] Jamison D T, et al. Health's Contribution to Economic Growth in an Environment of Partially Endogenous Technical Progress [J]. DCPP Working Paper, No. 10, 2003 (10).

[54] Jewell T, Leeb J, Tieslaua M, Strazicicha M C. Stationery of Health Expenditures and GDP: Evidence from Panel Unit Root Tests with Heterogeneous Structural Breaks [J]. Journal of Health Economics, 2003, 22 (2): 313 - 323.

[55] Kleiman E. The Determinants of National Outlay on Health [J]. The Economics of Health and Medical Care, 1974 (29): 124 - 135.

[56] Lambert R, Larue B, Yelou C, Criner G. Fish and Meat Demand in Canada: Regional Differences and Weak Reparability [J]. Agribusiness, 2006, 22 (2): 175 - 199.

[57] Laxminarayan R. Does Reducing Malaria Improve Household Living Standards? [J]. Tropical Medicine and International Health, 2010, 9 (2): 267 - 272.

[58] Lei X, Zhang Q, Xi Z. Evaluating Agricultural Catastrophic Risk [J]. China Agricultural Economic Review, 2011, 3 (4): 451 - 461.

[59] Leu R E. The Public - Private Mix and International Health Care Costs [M]. Oxford: Oxford University Press, 1986.

[60] Lewbel A. The Rank of Demand System: Theory and Nonparametric Estimation [J]. Econometrica, 1991, 59: 711 - 730.

[61] Liu G G, Dow W H, Fu A Z, Akin J. Income Growth in China: On the Role of Health [J] . Journal of Health Economics, 2008, 27 (1): 27 -44.

[62] Liu G G, et al. Income Growth in China: On the Role of Health [C] // The 4th World Congress of the International Health Economics Association (IHEA, San Francisco), 2003.

[63] Maxwell R J. Health and Wealth: An International Study of Health Care Spending [M] . Lexington: Lexington Books, 1981.

[64] McCoskey S, Selden T. Health Care Expenditure and GDP: Panel Data Unit Root Test Results [J] . Journal of Health Economics, 1998, 17 (3): 369 -376.

[65] Mocan H N, Tekin E, Zax J S. The Demand for Medical Care in Urban China [R] . NBER Working Paper, No. 7673, 2004.

[66] Moscone F, Tosetti E. Health Expenditure and Income in the United States [J] . Health Economics, 2010, 19 (12): 1385 -1403.

[67] Narayan P K, Narayan S, Smyth R. Is Health Care Really a Luxury in OECD Countries? Evidence form Alternative Price Deflators [J] . Applied Economics, 2011, 43 (25): 3631 -3643.

[68] Newhouse J. Medical Care Expenditure: A Cross - National Survey [J] . Journal of Human Resources, 1997, 12 (1): 115 -125.

[69] Obayelu A E, Okoruwa V O, Ajani O I Y. Cross - Sectional Analysis of Food Demand in the North Central Nigeria [J] . China Agricultural Economic Review, 2009, 1 (2): 173 -193.

[70] Pan J, Liu G G. The Determinants of Chinese Provincial Government Health Expenditures: Evidence from 2002 - 2006 Data [J] . Health Economics, 2012, 21 (7): 757 -777.

[71] Parkin D, McGuire A, Yule B. Aggregate Health Expenditures and National Income: Is Health Care A Luxury Good? [J] . Journal of Health Economics, 1987, 6 (2): 109 -127.

[72] Seher Nur Sulku. Health Care Expenditures and Gross Domestic Product: The Turkish Case [J] . European Journal of Health Economics, 2011 (12): 29 - 38.

[73] Sen A. Is Health Care a Luxury? New Evidence from OECD Data [J]. International Journal of Health Care Finance and Economics , 2005 (2): 147 -164.

[74] Strauss J, Thomas D. Health, Nutrition and Economic Development [J]. Journal of Economic Literature, 1998, 36 (2): 766 - 817.

[75] Sülkü S N, Caner A. Health Care Expenditures and Gross Gomestic Product: The Turkish Case [J]. European Journal of Health Economics, 2011, 12 (1): 29 - 38.

[76] Thomas E Getzen. Health Care is an Individual Necessary and National Luxury: Applying Multilevel Decision Models to the Analysis of Health care Expenditures [J]. Journal of Health Economics, 2000 (19): 259 - 270.

[77] Vincenzo Atella. Is Health Care Expenditure Really a Luxury Good? Re - Sssessment and New Evidence Based on OECD Data [J]. Italy: Department of Economics University of Rome Tor Vergara, 2006.

[78] Westerlund J. Testing for Error Correction in Panel Data [J]. Oxford Bulletin of Economics and Statistics, 2007, 67 (5): 709 - 748.

[79] Yao S. How Important Is Agriculture in China's Economic Growth? [J]. Oxford Development Studies, 2000, 28 (1): 33 - 49.

[80] Zhang L. Assessing the Demand for Weather Index Insurance in Shandong Province [R]. China University of Kentucky Master's Theses, Paper 559, 2008.

[81] Zon A H, Muysken J. Health as a Principal Determinant of Economic Growth [R]. MERIT - Infonomics Research, 2003.

第六章　城镇化加速、产业升级与服务消费崛起

城镇化是一个用来衡量地区经济发展情况、基础设施和人民生活水平的综合性指标。通常，城镇化的运行过程是：经济发展，产业升级、市场活跃、吸引高素质人才集聚，安居乐业，进而促进当地就业和消费。由此可见，一个地区城镇化快速推进的表现往往是经济发达、人口流入、房价上涨、消费提升。为此，本章节的主要内容就是要系统梳理城镇化加速推进到产业结构升级，再到消费结构升级和服务消费崛起的这一逻辑过程。

第一节　中国城镇化进程与增长空间

一、从城镇化发展的三个阶段看我国城镇化进程

1. 城镇化演变的一般规律

城镇化的维度很多，包括人口、土地等。学界最常见的是以人口为衡量标准，即城镇人口占总人口的比重；考虑到我国特殊的户籍制度，中国人口城镇化率可以分为以常住人口和户籍人口为口径的城镇化率。

根据美国地理学家诺瑟姆对世界各国城市化的研究，世界城市化分为三个阶段[①]。初期（人口城镇化在30%以下）：农村人口占主体，工农业生产力水平较低，工业提供就业机会少，农业剩余劳动力得不到释放；中期（人口城镇化

① 谢文蕙．邓卫．城市经济学［M］．北京：清华大学出版社，1996：44.

30% ~70%）：工业基础比较雄厚，经济实力明显增强，农村劳动生产率提高，剩余劳动力转向工业，城市人口比重快速突破50%，而后上升到70%；后期（人口城镇化70% ~90%）：农村人口向城镇人口的转化趋于停止，农村人口占比稳定在10%左右，城市人口可以达到90%左右，趋于饱和，这个过程的城市化不再是人口从农村流向城市，而是城市人口在产业之间的结构性转移，主要是从第二产业向第三产业转移。

从全球主要国家城镇化演变的一般规律可以发现，人口的迁移和城镇化是经济发展和增长的关键催化剂，是经济发展和繁荣不可或缺的因素。

2. 全球城镇化率预测

20世纪是全球城镇化发展进程较快的历史时期。从全球视角来看，1900年全球的城镇化率仅为14%，农村人口占全球人口的比重大约是86%，绝大部分人口分布在农村。到2000年，全球人口的分布格局发生了重大变化，城镇人口占全球人口的比重增至47%，而农村居民的占比则下降至53%。1900~2000年，全球人口增长了近4倍，其中，城镇居民增长了13倍。[①] 根据联合国经济和社会事务部《世界城镇化展望2018》报告，2018年城市人口占世界人口的55%；1950年，城市人口占世界人口的30%，到2050年，预计将有68%的人口居住在城市地区；城市人口的增长是由世界总体人口的增长及城市人口（主要是农村人口进城）比例的上升推动的，预计到2050年，全球城市人口将增加2.55亿，其中近90%的增长发生在亚洲和非洲。[②]

3. 中国城镇化率演变

新中国成立时，中国城镇人口占总人口比重仅为10.6%，当时世界的平均城镇化率为29%，而欧美等发达经济体城镇人口占比已超过60%。按照诺瑟姆对世界城镇化三个阶段的划分标准，我国城镇化率分为1949~1995年的初期、1996~2032年的中期和2033年以后的后期三个阶段。2018年，我国城镇人口占总人口的比重是59.58%，已经进入城镇化进程的中期阶段（见图6-1）。

二、从经济发展阶段看我国城镇化滞后

目前，我国已经进入工业化中后期，但是城市化还很落后。我国城镇化的滞后

① 张晓波．中国城镇化与扩大消费增长——一个结构主义视角的分析［J］．经济问题，2014（2）：40-45.

② 联合国报告：2050年中国城市人口将新增2.55亿［EB/OL］．人民网，world.people.com.cn/n1/2018/0517/c1002-29995260.html，2018-05-16.

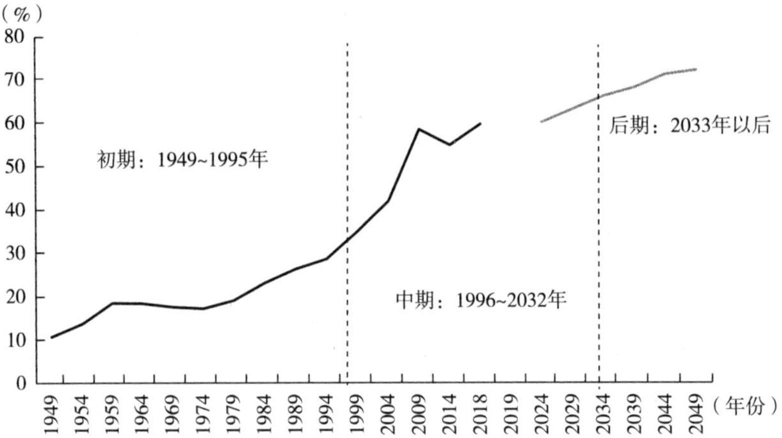

图6-1 1949~2049年我国城镇人口占总人口比重及其预测

资料来源：根据Wind资讯数据库相关数据整理。

主要表现为两大经济社会现象：一是，农业人口比重远高于农业产值比重；二是，人均GDP水平对应的城镇化率低于世界平均水平，经济增长对城镇化的推动作用不强。①

第一，我国农业就业与产值比重差距仍然较大。工业化的一般规律是，农业部门的就业与产业比重的差距在工业化初期逐渐扩大，在到达顶点之后再逐步缩小。② 相比之下，我国经济增长进入工业化的中后期阶段且农业就业与产业比重之差已越过顶点，但二者之间仍存在较大差距（见图6-2）。

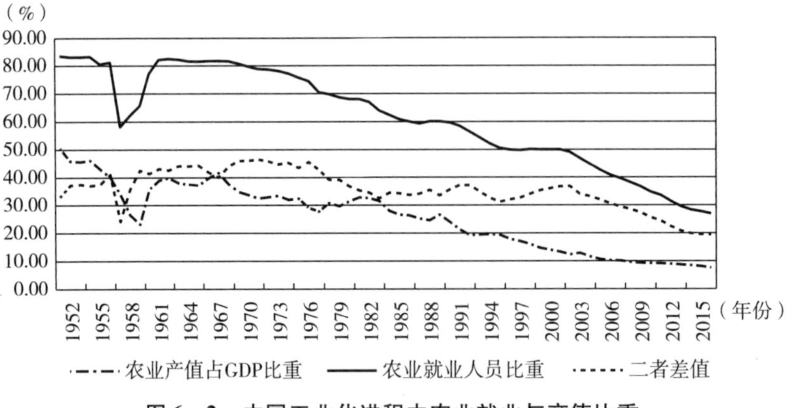

图6-2 中国工业化进程中农业就业与产值比重

资料来源：根据Wind资讯数据库相关数据整理。

①② 城镇化系列专题报告之二：城镇化加速中的产业结构变迁［R］. 中投证券，2017.

第二，我国城镇化速度较慢。目前，发达国家城市化率已接近或高于80%；人均收入与我国相近的马来西亚、菲律宾等周边国家，城市化率也在60%以上。相对而言，我国人均GDP已经处于中等偏上国家的收入水平，但是我们的城镇化率却明显低于同经济发展水平的其他国家（见图6－3）。

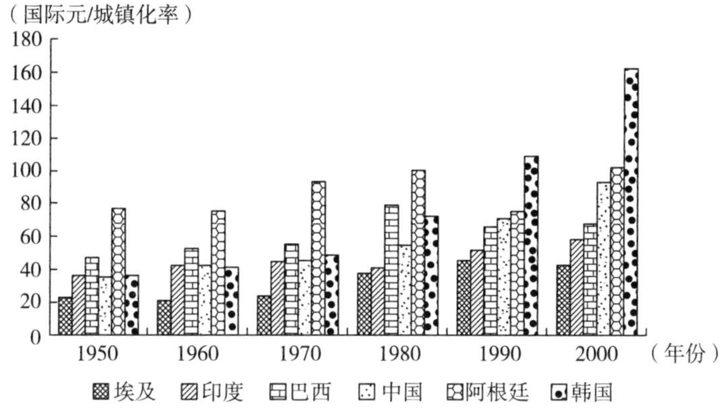

图6－3　1950年以来各国人均GDP与城镇化率的比值

资料来源：中投证券研究部根据《世界经济千年史》等资料整理。

三、从国际经验看我国城镇化潜力

首先简要梳理了以美、日、韩为代表的发达国家城镇化的一般进程与阶段。在此基础上，预测我国城镇化的增长潜力与增长空间。

1. 美国城市化发展的三个阶段

美国的城市化进程与其工业化及产业结构演变的进程非常契合，大致分成三个阶段，即第一阶段（1830～1880年）：城市人口比重由1830年的8.8%上升到1880年的26.4%；第二阶段（1880～1950年），随着工业化加速推进，其城市化率在此期间实现了最大幅度的提升，如1950年，美国的城市化率达到64%；第三阶段（1950年以后），此时，美国制造业开始衰落、第三产业崛起，导致经济活动和人口持续向城市集中，但城市化的速度是在稳定中增长，如1998年，美国城市化率达到76%。

2. 日本城市化发展的三个阶段

日本的城市化进程始于明治维新时期，大致经历了三个阶段：第一阶段（1920～1950年），城市人口占比由1920年的18%上升到1950年的37%；第二阶（1950～1977年），“二战”以后，随着工业化的加速推进，日本城市化率从37%跃升到76%，年均增长1.5个百分点；第三阶段（1977年至今），进入后工业化时代，城市化水平相对保持稳步增长，进入了一种稳态。

3. 韩国城市化发展的四个阶段

第一阶段（1930～1945年）：城市化开始推进，此时，韩国城市化率上升到11.6%；第二阶段（1945～1960年）：城市化稳步增长时期，到1960年，城市化率达到28.3%；第三阶段（1960～1989年）：随着工业化的开始，韩国的城市化进程也进入加速阶段，其城镇化水平从1960年的28.3%发展到1985年的74%；第四阶段（1990年至今）：进入20世纪90年代后，韩国的城镇化已经达到了很高的程度，目前，80%以上的韩国人居住在城市。

从以美、日、韩为代表的发达国家的城镇化进程来看，这些国家基本都是在工业化中期实现了城镇化率达到70%。相比之下，我国在工业化发展过程中，城镇化率的上升是明显滞后的（见图6－4）。

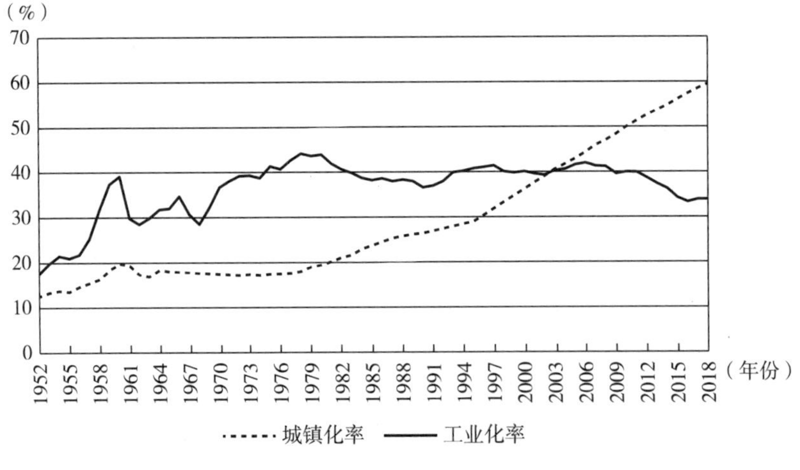

图6－4　1952～2018年中国城镇化率与工业化率的变动趋势

资料来源：根据Wind资讯中国宏观数据库数据整理。

所谓“滞后城市化”是指城市化水平落后于工业化和经济发展水平的城市化模式，而经济现代化过程是工业化与城市化互动的过程。工业化为城市提供了经济基础，城市化为工业化提供了优质要素和广阔的市场。工业化过程导致了产业结构变化，即不同产业的资源、人口与需求对象的重新配置，而城市化进程往往伴随着人口与需求的流动。一般情况下二者产生作用力与反作用力，工业化将催生城市化，而在工业化进入中后期，城市化进程中产生新的需求又不断推动工业化的发展。目前，我国城市化滞后于工业化发展，与发达国家工业化推动城市化的经验形成对比。然而我国城镇化发展滞后的主要原因是我国的经济发展模式。我国曾经的经济体制强调发展“生产性城市”，把消费和生产对立起来，忽视了商业服务业，使第二、第三产业结构失调，忽视了城市的经济集聚和辐射作用，扭曲了城市的功能。所以工业化取得了重大进展，而城市化却进展相对缓慢。

四、我国城镇化潜力与空间

对于我国未来城镇化的潜力和空间，联合国、麦肯锡等组织或机构以及学者们都进行过预测（见表6－1）。根据他们的预测，到2015年我国城镇化率会达到甚至突破50%，到2025年将达到60%。但从实际来看，我国的城镇化率在2011年就迈过了50%大关，达到51.3%，年均提高1.36个百分点；到2018年逼近60%，8年间年均增长2.22个百分点。[①] 现实的增长比之前的预期提前了至少7年。由此看来，如果城镇率按照每年两个百分点的速度增长的话，那么到2025年，我国城镇化率必将达到甚至突破70%。

城镇化对支撑经济增长、优化经济结构有着十分重要的作用。面临着国内外经济形势紧张、出口需求不足、生产过剩等问题造成的经济潜在增长动力不足，城镇化深入推进将带来投资、消费需求增加，进而为保证经济长期增长提供驱动力。城镇化的内在逻辑是产业聚集带动人口转移和集聚，推动收入提高、经济发展与产业升级。人口集聚带来消费需求的增加，同时产生庞大的基础设施、公共服务设施以及住房建设等投资需求。[②] 当前，我国经济进入了一个新的常态，即经济发展模式不再是单纯依赖投资驱动，而是要依靠技术创新、消费升级驱动下的高质量发展。然而城镇化恰好为实现高质量发展提供了路径。因此，未来我国扩大内需、实现经济结构转型的重要突破口和战略方向是城镇化。正如李克强总理指出的“最大的内需在城镇化，最雄厚的内需潜力在城镇化”。[③]

---

①② 城镇化系列专题报告：城镇化：再造一个中国［R］. 中投证券，2012.

③ 李克强. 关于调整经济结构促进持续发展的几个问题［J］. 求是，2010（11）：3－15.

表6-1 联合国、麦肯锡及国内学者关于我国城镇化率的预测结果比较

年份	联合国 2007年预测	麦肯锡 2008年预测	侯云春等2009年预测		
			峰值85（%）	峰值80（%）	峰值75（%）
2015	49.2	—	51.9	51.6	51.0
2020	53.2	—	56.6	56.0	55.0
2025	56.9	66	60.9	60.0	58.7
2030	60.3	—	64.8	63.6	61.8

资料来源：城镇化加速中的产业结构变迁［R］．中投证券，2012.

第二节　城镇化加速中的产业结构变迁

一、城镇化加速迎来我国产业发展拐点

1. 工业化后期的产业变迁

根据英国经济学家克拉克和美国经济学家库兹涅茨的研究成果，产业结构的演变大致可以分为三个阶段：第一阶段，生产活动以单一的农业为主的阶段，农业劳动力在就业总数中占绝对优势；第二阶段是工业化阶段，其标志是第二产业大规模发展，工业收入在整个国民经济中的比重不断上升，劳动力逐步从第一产业向第二产业、第三产业转移；第三阶段是后工业化阶段，其标志是工业特别是制造业在国民经济中的地位由快速上升逐步转为下降，第三产业经历上升—徘徊—再上升的发展过程，最终成为国民经济中最大的产业。美国和日本的工业化及现代化进程无不印证了这一趋势的变化。[①] 从图6-5和图6-6来看，1970年以来，美国和日本的工业增加值占GDP比重不断下降，相应的服务业增加值占GDP比重在不断上升。特别是20世纪90年代以来，美国制造业产业内部分工加强，高端产业竞争优势在全球化背景下凸显。在服务业方面，新兴服务业成为美国经济新的增长点，就业人口加速向服务部门，尤其是研发密集型服务业转移。

① 城镇化系列报告．城镇化——再造一个中国［R］．中投证券，2012.

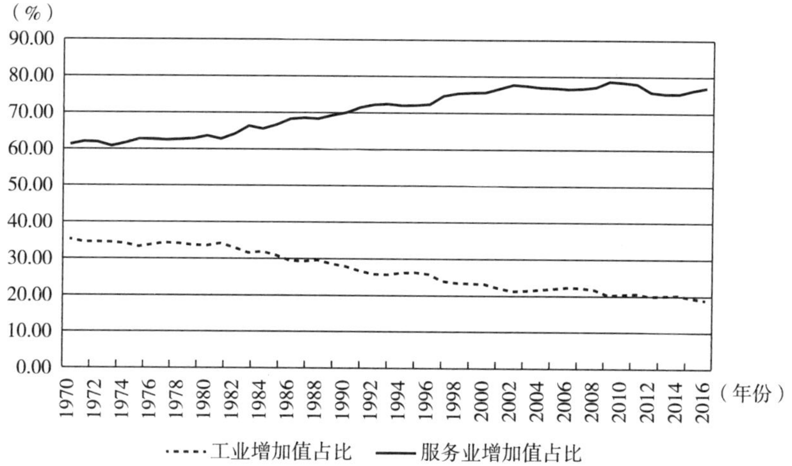

图 6－5　1970～2016 年美国工业增加值占比和服务业增加值占比趋势

资料来源：Wind 资讯全球宏观数据库。

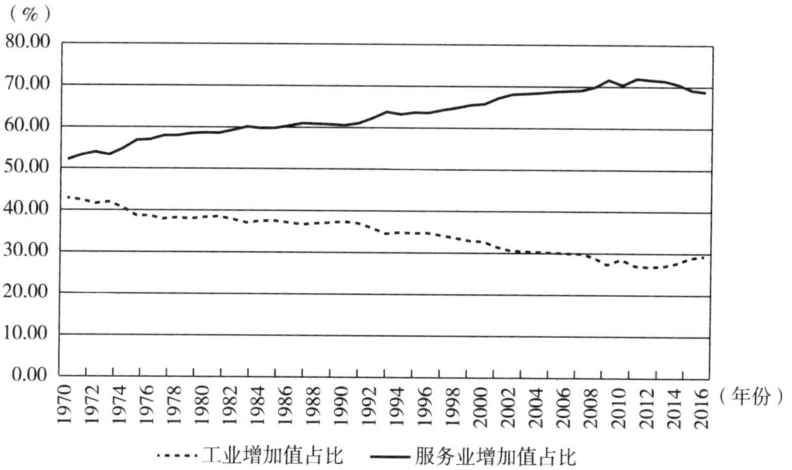

图 6－6　1970～2016 年日本工业增加值占比和服务业增加值占比趋势

资料来源：Wind 资讯全球宏观数据库。

2. 国际产业转移下的产业承接

20 世纪 90 年代以后，欧美主要发达国家第二产业大力发展，第三产业占比持续增长，产业结构呈现由工业型经济向服务型经济迅猛转型。根据世界银行的统计，发达国家服务业在 GDP 中所占比重为 70%，吸收就业劳动力超过第一、第二产业的总和，现代服务业已成为衡量一个国家经济发展水平以及现代化程度的重要依据与标志。

纵观国际产业转移的浪潮，产业转移的一般规律是产业由低端层次向高端层次延伸。国际产业的转移自下而上划分为五个层次，即“供应资源——般商品生产—重化工制造—金融服务业—技术创新”。国际产业转移背后根本的推动力量是产业生命周期的变化规律。一般来说，一个产业要经历“初创→成长→成熟→衰退”的过程，相应地，在产业生命周期的不同阶段，位于生产中心的发达国家的产业发展经历“创新→成熟→标准化→移出”的过程。[①] 资本技术密集型产业兴起于美国和日本后转移至亚洲。伴随欧美主要发达国家技术密集型工业产业以及第三产业的持续发展，国际产业转移的重心开始由原材料向加工工业、由初级产品工业向高附加值工业、由传统工业向新兴工业、由制造业向服务业转变。作为传统的产业转移承接地以及劳动力人本的相对比较优势，国际产业的变迁与转移将为我国发展服务业和服务消费带来机遇和市场需求空间。

二、城镇化加速下我国支柱产业转换

1. 改革开放后我国产业结构演变的三个时期

随着城镇化率的提升，改革开放以来，我们产业结构大体经历了三个时期（见图6－7）。[②]

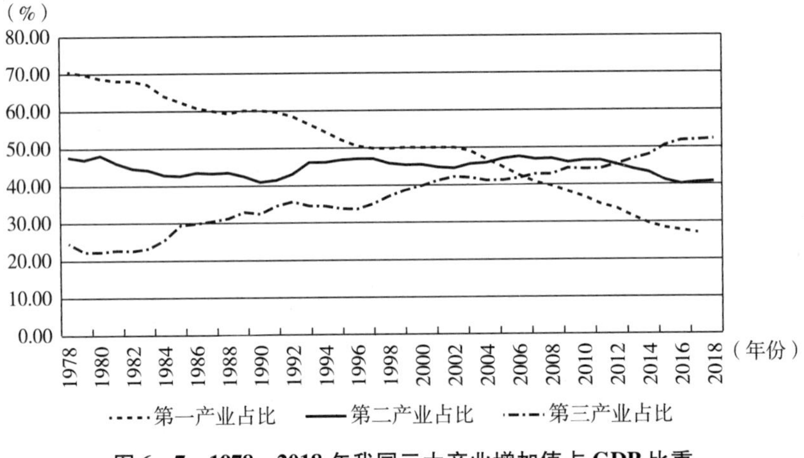

图6－7　1978～2018年我国三大产业增加值占GDP比重

资料来源：《中国统计年鉴》（1978～2018）。

“二一三”产业结构时期（1978～1984年）：改革开放以来，中央政府经济建设的核心是围绕工农业改革与建设展开。一是撤销了人民公社与生产大队以大

① 王杰．中国城镇化加速中的产业结构演变分析［J］．经济研究导刊，2014（7）：65－66.

② 陈丹妮．城镇化对产业结构演进的影响［J］．财经科学，2017（11）：65－77.

力促进农村经济的发展，农村经济体制改革成效显著；二是大力发展工业，使得第二产业比重提升。所以，这一时期工农业占据主导地位，总体产业表现为“二一三”结构。

“二三一”产业结构时期（1985～2011年）：随着经济发展和产业结构的演进，第一产业发展空间变小，第二、第三产业获得了发展空间，第三产业超越了第一产业，在产业结构中的比例不断上升；这一时期呈现出第二产业占据主导地位，第三产业持续攀升的阶段特征。

“三二一”结构时期（2012年至今）：随着城镇化的继续推进，第三产业增加值占比超过了第二产业，占据半壁江山，成为第一大支柱产业，我国产业结构初步实现了“三二一”结构。

当前，我国已进入后工业化阶段，面临经济发展阶段转变及国际产业转移趋势，我国经济已经进入服务经济发展阶段。

2. 服务业成为当前我国经济发展的支柱产业

城镇化不仅表现为城镇空间的扩展，更重要的是表现为人口的集聚和城镇人口规模的扩大。城镇发展将增加第三产业的就业弹性和就业规模，提高服务业在产业结构中的比重。相对于制造业，服务业是劳动密集型产业。从就业指标来看，以服务业为代表的第三产业比重在不断上升，服务业就业比重从1978年的12.2%增加到2017年的44.9%，远远超过第一、第二产业的就业比重（二者分别为26.98%和28.11%）（见图6－8）。但是与发达国家相比，我国服务业就业比重仍然偏低，后者在65%以上。服务业滞后说明其未来增长潜力和增长空间的

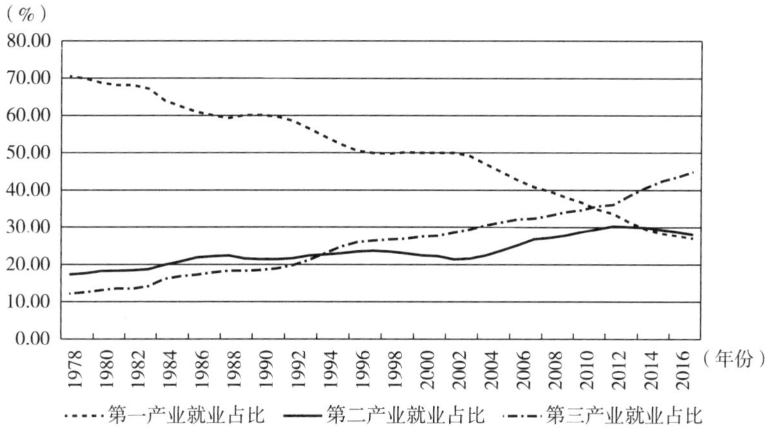

图6－8 1978～2016年我国三大产业就业比重

资料来源：《中国统计年鉴》（1978～2017）。

释放取决于劳动力等生产要素的集聚程度，而这些要素的集聚发展离不开城镇化的推动。

从服务业内部结构的演变趋势来看，也是具有一定的规律性的，通常是从劳动密集型向知识资本密集型转变。一般来讲，在初级产品生产阶段，以住宿、餐饮等个人和家庭服务等传统生活性服务业为主；在工业化初期，配合工业化生产，以发展商业、交通运输、通信业为主；在工业化中期，金融、保险和流通服务业得到发展；在工业化后期，以旅游、娱乐、电子商务为代表的新型业态开始出现，生产和生活服务业互动发展；在后工业化社会，以科研、信息、教育等现代知识型服务业崛起为主流业态。

第三节　城镇化加速、产业升级与服务消费

一、城镇化催生消费结构升级

城镇化促进消费分为两个阶段：第一阶段即工业化促进农村劳动力转移，城镇化集聚效应和示范效应促进了以衣食、耐用消费品为代表的实物消费增长；第二阶段即新型城镇化时期，伴随以服务业为主导的产业升级，城镇化累积效应和消费服务的完善，推动消费结构进入以医疗保健、文化教育、休闲娱乐为代表的服务消费时期。

1. 城镇化、经济服务化与消费升级

工业化开启了人口向城市迁移的进程，工业生产需要在有限的区域内集中大量的劳动力，劳动力的集聚必然形成城镇，城镇人口的集聚必将催生大量的服务需求。原本由家庭内部的自我服务逐渐转变为市场服务。为满足工业化的需求，城镇生产型服务业应运而生；为满足城市集聚的大量人口的生活需求，生活型服务业得到快速发展。生产型服务业的发展、专业化和集聚水平的提高，与制造业之间形成协同效应，有利于提高劳动生产率、降低交易成本，增加劳动者报酬，进而促进消费水平提升；生活型服务业劳动密集型使劳动报酬占比较高，这些都有利于提升劳动者收入和居民消费。

2. 城镇化加速催生家庭最终消费潜力释放

城镇化带来的居民收入提升和消费结构改善将为消费行业带来升级换代的机

会。从消费的主体来看，政府消费支出和家庭最终消费支出共同组成消费的主体内容。从发达国家城镇化拉动消费增长的驱动因素来看，在城市化发展的不同阶段，两者增长速度呈现较大的差异，即城镇化前期以政府消费为主，城镇化后期以家庭最终消费为主。城镇化前期，城镇化进程要求大规模的城市基础设施、住房、交通运输体系建设，导致政府投资项目迅速增加。1970 年以前，美国处于快速城市化发展阶段，政府消费增速较快，到 1990 年美国城镇化水平达到 75%，政府消费不再强劲，消费升级的主体转移到家庭。城镇化后期，城镇化生活方式将促进家用电器、日用消费品的应用，家庭消费支出增速高于政府支出。以韩国为例，家庭消费增速水平在 1960 年后长期高于政府消费增速，随着城镇化发展进入成熟期，两者保持相对稳定的增速。

与主要发达国家相比，我国高投资驱动经济增长的经济传统，导致居民需求长期被压抑，表现之一就是政府支出占比偏高且增速较快。2000 年前后，随着投资驱动经济的快速增长，政府在房地产、交通基础设施等领域的投资明显进入快速增长区间。直到 2013 年以后，随着投资热的冷却，居民消费增速进入快速通道。在这一过程中，增长最快的是教育、娱乐、文化、交通、通信、医疗保健、住宅、旅游等方面的消费，尤其是与 IT 产业、医药行业以及文娱体育相联系的消费增长最为迅速。

二、消费结构升级与主导产业群落的变迁路径分析

产业结构演变主要是指各类产业及其内部各部门的比例关系的不断变化，这是一个动态的过程，既可看作是以往经济增长的结果，又可看作是未来经济增长的基础。从时间演化轨迹来看，经济增长大致经过前工业化阶段、工业化阶段和后工业化阶段。然而工业化阶段可以继续分为轻工业主导的发展阶段和重化工业主导的发展阶段。前工业化阶段，农业是支柱产业，经济增长速度较低；工业化阶段，轻工业占主导地位，带动纺织、机械、金属冶炼等中间型行业的快速增长；工业化阶段，重工业占主导地位，带动了房地产行业、交通运输设备制造业快速增长。最后一个阶段是后工业化阶段，此时服务业占据主导地位。为更直观地理解产业阶段演进与消费结构变化的关系，我们将上面阐述的内容绘图如图 6－9 所示。

虽然产业结构演变有其内在的一般规律，但由于各国实际情况的不同，各国在产业结构演变过程中又或多或少地会有所差别。

我国大陆的消费结构变化趋势符合国际规律，在工业化、城市化初期，第二

产业比重较大，消费者对耐用消费品的需求较大；进入后工业化时代，主要的消费领域从制造业转向服务业，消费结构向服务消费阶段转型。

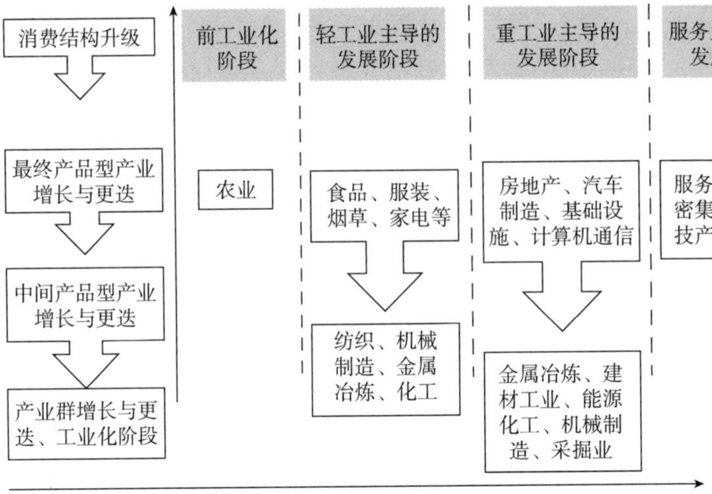

图 6-9　消费结构与主导产业群落的变迁

三、服务消费部门的收入弹性、价格弹性与产业结构变化实证分析

从 20 世纪下半叶开始，由于科学技术的进步，推动了社会生产力和物质文明的加速发展，使不少发达国家的经济结构发生了巨大的变化，这种变化中最重要和最显著的特征就是服务业成为经济发展中的主导产业。经济结构服务化的重要特征之一就是劳动就业从农业、制造业向服务业转移以及制造业中服务业所占劳动力比重不断提高。如 2002 年在 OECD 国家中，平均约有 40% 的制造企业员工从事与服务相关的岗位。我国经济结构服务化进程自改革开放之初就已经启动。从劳动力的产业分布变化来看，服务业持续从制造业和农业中吸收劳动力。据统计，1994 年，我国第三产业从业人员比重达到 23%，超过了第二产业。2017 年，第三产业就业比重达到 44.9%，高于第二产业近 17 个百分点。

对于服务业就业的增长原因，国内外学者做过大量的深入研究。最早研究服务业就业增长的是 Baumol（1967）和 Fuchs（1968），他们提出了著名的鲍莫尔—富克斯假说，并在此基础上构建了两部门非均衡增长宏观经济模型。Fuchs（1969）认为，服务业就业份额的增长应归结于服务业与制造业劳动生产率增长的差异对服务相对价格的影响。Baumol（1967）在非均衡增长模型基础上，推导出了服务部门就业份额的均衡增长路径，即服务业就业份额的增长、服务业劳动生产率增长、制造业劳动生产率增长和服务需求的价格弹性与收入弹性之间存在内在联系。Pierre Mohnen 和 Thijs ten Raa（1992）对加拿大经济在 1962 ~ 1991 年劳动生产率与就业转换的事实进行研究时发现，就业转向服务部门在某种程度上反映了服务业劳动生产率的停滞，也就是说，劳动生产率增长与就业增长之间是负相关的。Appellbaum 和 Schettkat（1995）的研究指出，劳动生产率的高低并不是影响某个产业就业数量的唯一因素，他们发现，尽管 20 世纪 70 年代以来，美国制造业生产率提高确实导致其就业的削减，但在 20 世纪五六十年代，人均劳动力产出的增加（劳动生产率上升）却提高了就业水平。他们认为，这种现象的根源在于需求价格弹性的变化使产品市场行为发生了变化。假定生产率提高对价格有一个削弱效应（Dampening Effect），当商品的需求价格弹性较高时，对产出（就业）的拉动效应将足以弥补生产率提高对产出（就业）的削弱效应，而当商品的需求价格弹性较低（缺乏弹性）时，其拉动效应则不足以弥补就业的下降。因此，在一些合理假定下，服务部门生产率的提高不仅会提升整个经济生产率增长，而且还将增加服务的真实产出份额，加快就业向服务部门转换。① Giovanmi Russo 和 Ronald Schettkat（1999）的研究认为，最终需求的变化影响了就业结构动态，最终需求结构也就是消费结构的变化在决定部门相对就业增长时扮演了重要角色。Schettkat 和 Yocarini（2005）在总结就业向服务业转移的相关文献时发现，服务业就业增长与三个因素有关：一是产业间劳动生产率的差异，即服务业相对较低的劳动生产率导致其就业吸纳能力增强；二是社会分工，特别是外包的出现，促使服务业从制造业中剥离出来；三是最终需求的变化。其中，劳动生产率差异和最终需求的变化是影响服务业就业增长的关键因素。

国内学者程大中（2004）从技术层面系统地估算了 20 世纪 90 年代中国各地区服务业以及服务业各部门需求的价格弹性与收入弹性，发现从全国范围来看，服务需求普遍缺乏收入弹性和价格弹性。中国服务业的就业份额增长较快主要源于其整体的劳动生产率增长滞后，很容易引发“成本病”。王俊（2008）的研究表明，制造业相对于服务业劳动生产率的提高会促进服务业各行业就业的增长，其劳动生产率差距越大，服务业吸纳劳动力的能力越强。张原（2010）认为，我国服务业的就业吸纳能力依赖于该部门相对滞后的劳动生产率及其较低的产出价格弹性和收入弹性。张建升和谭伟（2011）利用中国 1978 ~ 2009 年的相关数据，

---

① Appelbaum E, Schettkat R. Employment and Productivity in Industrialized Countries [J]. International Labour Review, 1995, 134: 605 - 623.

运用向量自回归（VAR）模型对“鲍莫尔—富克斯假说”进行了验证。研究表明，服务业劳动生产率增长的相对滞后对就业的影响是动态的，即在短期内，具有正向影响，而从长期看，则具有微弱的负向影响，服务业劳动生产率增长滞后不利于就业的增长。

以往的理论和实证研究一致认为服务部门的就业吸纳能力主要依赖于其相对滞后的劳动生产率。事实上，除了劳动生产率因素之外，服务产品的收入弹性、价格弹性以及它们与劳动生产率的组合关系也是影响服务业就业吸纳能力的重要因素。从理论上看，大多数研究均借鉴了非均衡增长理论的观点。虽然服务业存在的“成本病”问题已被人们接受，但毕竟 Baumol 模型是在 20 世纪 60 年代提出的，随着信息技术的迅猛发展与信息时代的到来，与信息技术相关的服务业生产率停滞的假设显然难以成立。同时，从实证上看，以往研究产业的需求弹性（包括收入弹性和价格弹性）都是假定弹性系数在一定时间内是固定的，即假定弹性系数的非时变性，并在非时变弹性系数的基础上，分析产业的产出份额与就业份额的变化趋势。但实际上，随着需求结构的变动，产业的弹性系数是动态变化的。

因此，本书试图在一个全新的宏观经济框架下，探讨服务业就业增长的关键因素，并从以下三个方面做出努力和创新：①引入 Joachim Möller 的理论分析框架，构造一个适用于分析不同行业就业变动的宏观经济模型；②运用状态空间模型的 KALMAN 滤波方法，检验并估计我国服务行业的时变价格弹性和收入弹性系数；③在宏观经济模型的分析框架内，综合劳动生产率差异、价格效应和收入效应，定量分析三个因素对服务业就业增长的影响及其长期趋势。

1. 理论分析框架

本书采用 Joachim Möller（2001）的理论分析框架。这个理论框架是在 Blanchard－kiyotaki（1987）的产业需求函数以及价格加成等式基础上，构造了一个适用于分析国民经济中不同行业产出（就业）变动的宏观经济模型。与 Baumol 两部门非均衡模型不同，Möller 模型不以制造业的生产率作为相对生产率的衡量基准，而是以整个宏观经济的平均生产率作为相对生产率衡量的基准，并且除了相对生产率因素以外，还考虑了产出因素对就业的影响。因而，与 Baumol 模型相比，Möller 模型的假定前提更具一般性，该模型适用于整体经济背景下分析多产业结构变动。Möller 模型的基本关系式如下：

$$\hat{q}_i = \hat{l}_i + \hat{\pi}_i \quad (6-1)$$

$$\hat{q}_i = -\varepsilon_i \left(\hat{p}_i - \hat{p}\right) + \eta_i \hat{y} \quad (6-2)$$

$$\hat{p}_i = \hat{w}_i - \hat{\pi}_i \qquad (6-3)$$

y 和 p 分别表示一个经济体的国民收入和价格总水平，q_i，l_i，π_i，p_i，w_i 分别表示行业 i 的产出、就业、劳动生产率、价格和工资水平。需要说明的是，在模型关系式中，上述变量表示的都是其原始含义的自然对数值，而符号“^”表示进一步取其一阶差分（一阶导数）数值。模型关系式中的参数 ε_i 和 η_i，则分别表示行业 i 的价格弹性和收入弹性。

假定劳动力可以在行业间自由流动，那么，行业 i 的工资和总工资将与收入和产出的增长路径相同，即

$$\hat{w}_i = \hat{w} = \hat{y} = \hat{q} \qquad (6-4)$$

对式（6－2）和式（6－3）进行代数变换可得到：

$$\hat{q}_i - \hat{q} = \varepsilon_i (\hat{\pi}_i - \hat{\pi}) + (\eta_i - 1) \hat{y} \qquad (6-5)$$

结合式（6－1）可得：$\hat{l}_i - \hat{l} = (\varepsilon_i - 1)(\hat{\pi}_i - \hat{\pi}) + (\eta_i - 1)\hat{y}$　（6－6）

这样，某个产业（行业）相对于总体经济的就业水平就由以下三个因素决定，即

劳动生产率：$\hat{\pi}_i \neq \hat{\pi}$；

需求收入弹性：$\eta_i \neq 1$；

需求价格弹性：$\varepsilon_i \neq 1$。

方程（6－6）说明，某一产业（行业）i 就业份额的变动，取决于该产业（行业）的收入弹性、价格弹性以及劳动生产率等变量的数值大小。例如，假定其他条件不变，若需求富有价格弹性（$\varepsilon_i > 1$），则行业 i 的就业份额将随着相对生产率的改进而增加。同样，在生产率差异为正的情况下（$\hat{\pi}_i - \hat{\pi} > 0$），给定行业的就业随着需求价格弹性增加而递增。同理，若行业 i 富有收入弹性，该行业的就业份额将随着收入弹性的增加而增加，反之就会减少。

2. 实证分析

实证分析是在上述宏观模型的分析框架下，运用计量模型来估计服务需求的收入弹性和时变价格弹性，并在综合收入效应、价格效应和生产率差异等因素的基础上，定量研究我国服务业及其主要子行业就业的变化趋势。

（1）状态空间模型的设定。已有的文献中，对服务业价格弹性的估计多是采用最小二乘法、协整和误差修正技术等固定参数模型的估计方法。事实上，受体制改革、政策变动以及各种外界冲击等因素的影响，经济参数往往也会发生变化，这种变化用以往的普通最小二乘法等固定参数模型无法体现，而基于可变参数的状态空间模型能够估计出参数的长期变化趋势。

状态空间模型一般由两部分组成：观测方程与状态方程。其中，观测方程为：

$$y_t = X_t\beta_t + \varepsilon_t \tag{6-7}$$

y 是因变量向量，X 是解释变量的一致矩阵，ε 是随机扰动项向量。与一般的研究方法不同的是，状态空间模型中假定系数向量 β_t 具有时变性。进一步，假定系数向量服从随机游走过程，则描述系数向量 β_t 变化的状态方程为：

$$\beta_t = \beta_{t-1} + v_t \tag{6-8}$$

式（6-7）与式（6-8）中的扰动项 ε_t 与 v_t 是独立同分布的，其协方差矩阵分别为 R 与 Q。一般情况下，由于模型的参数较少，可以假设 R 与 Q 为对角矩阵。

如果元素 Q_{ii} 等于零，则一致参数 β_t 不随时间而变化，反之参数则是时变的。通过状态空间模型估计出矩阵 R 与 Q，即超参数（Hyperparameter），同时给定初始值 β_0 与其协方差矩阵 P_0，就可以使用卡尔曼算子与滤波规则得到 β_t 与 P_t（$t=1, \cdots, T$）的一致有效估计量。

研究中，根据方程（6-2），可以设定行业 i 的状态空间估计方程为：

$$y_{it} = \alpha_{0i} + \alpha_{1i}(p_{it} - p_t) + \alpha_{2i}y_t + \varepsilon_{it} \tag{6-9}$$

其中，y 和 y_i 分别表示国民经济实际总产出与行业 i 的实际产出，p 和 p_i 是总的价格水平（GDP 平均指数）与行业 i 价格水平，上述变量都取自然对数。其中，待估系数 α_{1i}、α_{2i} 分别表示价格弹性、总产出弹性（如果忽略国内总产出与国民收入的差异，α_{2i} 可近似表示收入需求弹性），ε_i 是通常假设条件下的扰动项。

同时，进一步假定模型中具有时变系数特征的参数是价格弹性参数 α_{1i}，而收入弹性被限定为非时变参数，因此得到行业 i 的状态方程为：

$$\alpha_{1i,t} = \alpha_{1i,t-1} + v_{i,t} \tag{6-10}$$

（2）数据说明与处理。本书的原始数据来源于《中国统计年鉴》《第三产业统计年鉴》和中经网统计数据库，样本时间为 1980～2009 年。选取分析的行业为第三产业总体及其内部的六个子行业，包括交通运输、批发零售、住宿餐饮、金融业、房地产业和其他服务行业。

以 1980 年为基年，计算行业 i 价格指数，通过价格指数将每一年行业 i 名义产出 $Y_{in,t}$ 折算为实际产出 $Y_{ir,t}$，再根据以下公式计算每一年的行业产出 y_{it}（对数值）、价格指数 p_{it}（对数值）：

$$y_{it} = \ln Y_{ir,t} \qquad (t=1, 2, \cdots, T)$$

$$p_{it} = \ln\left(\frac{Y_{in,t}}{Y_{ir,t}}\right) = \ln Y_{in,t} - y_{it} \qquad (t=1, 2, \cdots, T)$$

行业 i 的劳动生产率 $\pi_{i,t}$（对数值）以实际劳均增加值指标表示，即行业增加值（$Y_{ir,t}$）与行业从业人员（$L_{i,t}$）之比：$\pi_{i,t}=\mathrm{Ln}\left(\frac{Y_{ir,t}}{L_{i,t}}\right)=y_{it}-\mathrm{Ln}L_{i,t}$（$t=1, 2, \cdots, T$）。

另外，对于总体经济变量 y_{it}、p_{it}、$\pi_{i,t}$ 的处理方法与行业变量的处理方法一致，不再赘述。

（3）弹性估计——参数时变性检验。首先检验方程（6－9）参数是否具有时变性。计量分析上，一般用 LR 检验法来判定时变模型是否比非时变模型具有优越性，如果时变模型的结果优于非时变模型，则说明参数具有时变性。

LR 检验统计量的表达式为：$LR=-2(\lambda-\lambda_c)$。其中，λ、λ_c 分别表示状态空间模型与最小二乘法模型的对数似然值，LR 检验统计量服从具有一阶自由度的 χ^2 分布。

对我国服务业及其内部的交通运输、批发零售、住宿餐饮、金融业、房地产业和其他行业的状态空间模型估计结果表明，时变参数估计均具有显著性（见表 6－2）。说明服务业及其相关行业的弹性系数在样本期里存在着显著的变化趋势，选用状态空间模型来估计参数是合适的。

表 6－2　服务业及其相关行业状态空间似然值检验

行业	状态空间（λ）	*OLS*（λ_c）	LR 检验
服务业	35.95321	46.23023	20.55404
交通运输	55.82817	66.26042	20.8645
批发零售	8.879744	18.8487	19.93791
住宿餐饮	23.69756	34.62608	21.85704
金融业	－5.68469	1.924158	15.21769
房地产业	21.4463	30.71075	18.5289
其他行业	49.40903	62.01681	25.21556

注：LR 检验的临界值是 $\chi^2(1)=6.63$。

（4）弹性估计——收入弹性与价格弹性。通过 LR 检验后，进一步用 KALMAN 滤波方法估计上述状态空间模型的参数，并与最小二乘法估计结果相比较。计量结果显示，用状态空间（KALMAN 滤波）和最小二乘法估计的服务业的收入弹性，均在 1% 显著水平上通过检验（见表 6－3）。估计结果显示，我国第三产业收入弹性为 1.04。从服务业内部行业来看，我国住宿餐饮、金融和房地产业的收入弹性均大于 1。

表 6－3　服务业收入弹性估计

行业	KALMAN	OLS
服务业	1.044302 **	1.058944 **
交通运输	0.999478 **	0.999698 **
批发零售	0.824161 **	0.821256 **
住宿餐饮	1.256858 **	1.219016 **
金融业	1.123375 **	1.123315 **
房地产业	1.409714 **	1.406014 **
其他行业	0.981450 **	0.946690 **

注：***、**、*分别表示显著性水平为1%、5%和10%。

表6－4是服务业整体与服务业内部行业的时变价格弹性估计结果。时变价格弹性反映的是价格弹性在估计期间的变化趋势。结果显示，服务业的总体价格弹性及其内部的批发零售、住宿餐饮及其他行业的价格弹性都远小于1，金融业和房地产业的价格弹性较高，分别为1.39和－1.44，交通运输业的时变价格弹性估计值不显著。从时间趋势上来看，20世纪90年代以来，我国服务业越来越缺乏弹性，且逐渐趋近于0（见图6－11）。而且服务业内部行业中的批发零售业和住宿餐饮业的价格弹性的变化与产业总体的价格弹性趋势基本一致，其弹性系数不断下降（见图6－12和图6－13）。

表 6－4　服务业价格弹性估计

产业	COEFF	T－STAT	SV1	Z－STAT
第三产业	0.057682	0.262485	0.125189 **	3.278921
交通运输	0.188666 **	3.023968	0.189125	6.382696
批发零售	0.226268	1.567935	0.220356 **	4.649719
住宿餐饮	－0.083264	－0.497896	－0.22636（*）	－1.740238
金融业	1.389791（*）	1.758007	1.388331 **	2.774360
房地产业	－1.425764 **	－8.416589	－1.444033 **	－14.96856
其他行业	0.793079	10.47180	0.660488 **	32.35161

注：***、**、*分别表示显著性在1%、5%和10%水平；COEFF、T－STAT分别表示最小二乘法估计的系数和t检验值；SV1、Z－STAT则分别表示状态空间模型估计的系数值和z检验值。

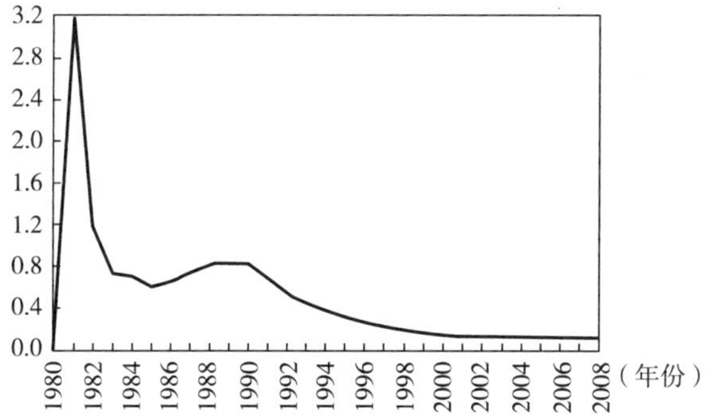

图 6－10　第三产业价格弹性变化

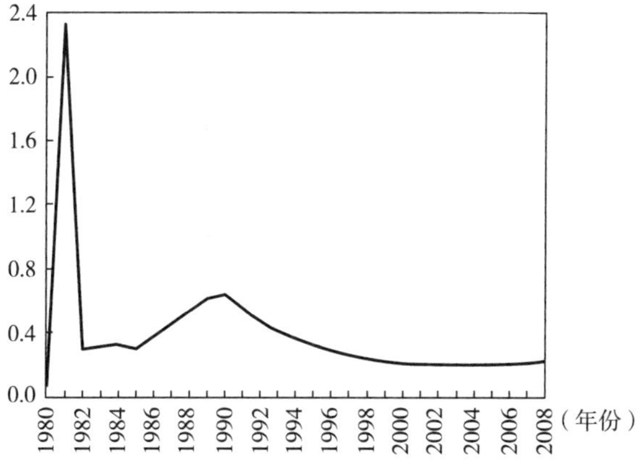

图 6－11　批发零售业价格弹性变化

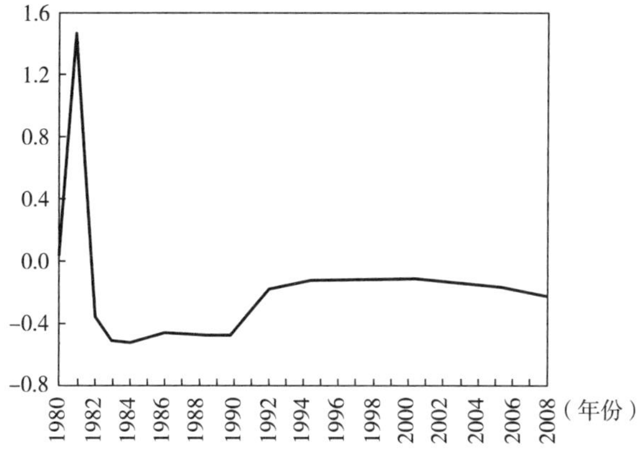

图 6－12　住宿餐饮业价格弹性变化

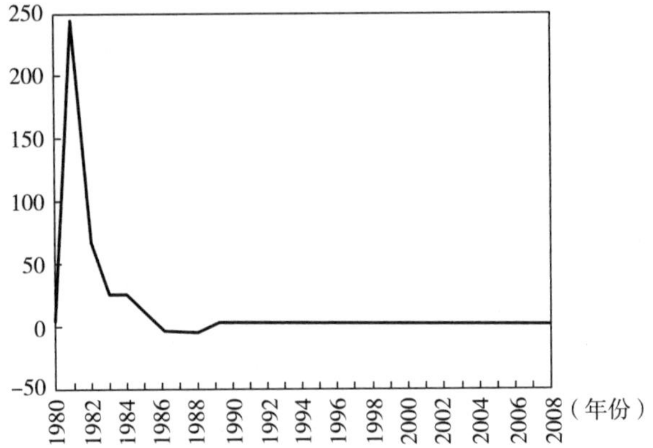

图6-13　金融业价格弹性变化

3. 劳动生产率差异、价格效应、收入效应与服务业就业分析

如前所述，根据方程（6-6），在国民收入水平一定的条件下，某一行业相对就业份额的增长变化取决于三个因素或者两个效应。三个因素，即相对总体经济的生产率差异（$\hat{\pi}_i-\hat{\pi}$）、价格弹性（ε_i）和收入弹性（η_i）；两个效应，即价格效应（ε_s-1）（$\pi_s-\pi$）以及收入效应（η_s-1）y。

（1）基于服务业整体分析。从整个服务业来看，以劳均增加值计算的劳动生产率增长日趋下降。1983～1995年，服务业劳动生产率提高快于经济总体劳动生产率的提高，1996～2002年，两者变化几乎同步，而2003年以后，服务业劳动生产率增长明显落后于总体劳动生产率。但在1990年以后，我国第二产业和第三产业劳动生产率的差距越来越大（见表6-6）。

由于整体服务业劳动生产率经历了围绕总体经济劳动生产率的波动过程，因此两者差异较小，这也导致了价格效应（ε_i-1）（$\hat{\pi}_i-\hat{\pi}$）的数值较低。然而在整个观察期内，服务业的收入效应都为正，且稳中有升。因此，在影响服务业就业份额变动的总效应中，收入效应占主导地位，而价格效应处于次要地位。

从服务业就业总体变化趋势来看，服务业就业份额经历了波动增长到稳定增长的过程。1983～1995年，价格效应总体在负值区间，对总效应有一定的削弱作用，服务业就业份额虽在不断提高，但波动性较大。2003年以后，服务业的价格效应转为正，在正的收入效应和正的价格效应共同作用下，服务业就业的总效应增加，服务业就业的份额稳步提高（见表6-7）。这说明，自20世纪90年代中期以后，我国进入服务业稳定增长阶段，而在2003年之后，在价格效应与收入效应的共同作用下，服务业则进入快速增长时期。在1995年至2008年的十余年时间内，我国服务业就业人口占总体就业人口的比重已经从1/4提高到1/3。

（2）基于服务业内部行业分析。进一步，观察服务业内部行业[①]的就业变化趋势。以批发零售贸易和餐饮业为代表的传统服务业，其劳动生产率与总体经济劳动生产率相比，处于明显的下降通道。劳动生产率的下降，使得价格效应从负值区间进入正值区间，由削弱效应变为正向增强效应。从时间段上来看，1995年前后仍然是一个分界点，1995年之后，该行业的就业比重快速增长。然而以金融业和房地产业为代表的现代服务业劳动生产率远高于总体劳动生产率（见表6-8），加之这两个行业的价格弹性较大，所以其价格效应（$\varepsilon_i - 1$）（$\hat{\pi}_i - \hat{\pi}$）较高。因此，在影响金融业与房地产业的就业份额的总效应中，价格效应占主导地位，而收入效应处于次要地位。

在观察期内，房地产业的价格弹性均处于较高水平，其弹性绝对值显著大于1（见图6-14），这是典型的"奢侈品"特性所决定的。较高的价格弹性水平推动了就业份额的快速增长，1991~2002年，我国房地产业的就业人口比重的增幅高达128%。2010年，我国城市化率约为47%[②]，按照目前每年城市化率提高1~2个百分点的速度计算，中国的城市化率要达到西方发达国家70%~80%的水平，还需要十几年的时间。这意味着未来十几年，在较高的价格弹性水平作用下，房地产行业的就业份额仍将持续增长。

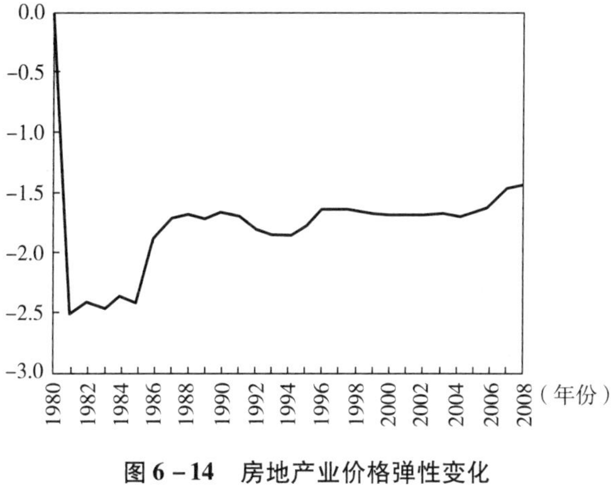

图6-14 房地产业价格弹性变化

① 由于缺乏2003年以来服务业内部行业全体就业人员的统计数据，因此，本书仅提供了1990~2002年的相关计算结果。

② 城市化的一般规律是，当人口城市化水平达到30%左右时，进入快速发展阶段；当达到70%左右时，进入相对稳定阶段。

同样，金融业也富有价格弹性，这是由金融行业的"顺周期"[①] 特性所决定的（见图6－14）。但相比较而言，金融保险行业的价格效应与收入效应均低于房地产业，其总效应也明显低于房地产业。值得注意的是，2000年以来，金融保险业的就业份额增长几乎停滞。金融发展的滞后现象，明显与服务业总体发展趋势是不一致的，这可能与金融行业的高度管制有关。

表6－5　我国服务业劳动生产率（亿元/万人）及其滞后程度

年份	第二产业劳动生产率（π_m）	第三产业劳动生产率（π_s）	全部劳动生产率（π）	服务业劳动生产率滞后程度1（$\pi_s-\pi_m$）	服务业劳动生产率滞后程度2（$\pi_s-\pi$）
1980	0.28	0.18	0.11	－0.11	0.07
1981	0.28	0.18	0.11	－0.10	0.07
1982	0.28	0.20	0.12	－0.08	0.09
1983	0.30	0.21	0.12	－0.09	0.09
1984	0.31	0.22	0.14	－0.09	0.08
1985	0.34	0.24	0.15	－0.10	0.09
1986	0.35	0.25	0.16	－0.09	0.09
1987	0.38	0.27	0.17	－0.11	0.10
1988	0.42	0.29	0.19	－0.13	0.10
1989	0.44	0.30	0.19	－0.14	0.11
1990	0.39	0.26	0.17	－0.13	0.09
1991	0.44	0.27	0.18	－0.17	0.09
1992	0.52	0.29	0.21	－0.23	0.08
1993	0.60	0.30	0.23	－0.30	0.07
1994	0.69	0.31	0.26	－0.39	0.04
1995	0.77	0.31	0.29	－0.46	0.02
1996	0.84	0.32	0.31	－0.52	0.00
1997	0.90	0.34	0.34	－0.56	0.00
1998	0.98	0.36	0.36	－0.62	0.00
1999	1.07	0.39	0.38	－0.68	0.00
2000	1.19	0.41	0.41	－0.78	0.00

① 所谓"顺周期"特性，即在经济高涨的阶段，金融业的价格（如利率）尽管很高，但对金融的需求却更加旺盛。反之，在经济衰退阶段，即便金融业的价格（如利率）很低，但企业对金融的需求反而更少。

续表

年份	第二产业劳动生产率（π_m）	第三产业劳动生产率（π_s）	全部劳动生产率（π）	服务业劳动生产率滞后程度1（$\pi_s-\pi_m$）	服务业劳动生产率滞后程度2（$\pi_s-\pi$）
2001	1.29	0.45	0.44	-0.84	0.01
2002	1.46	0.47	0.48	-0.98	0.00
2003	1.61	0.50	0.52	-1.11	-0.02
2004	1.70	0.52	0.57	-1.18	-0.04
2005	1.78	0.57	0.63	-1.21	-0.06
2006	1.90	0.63	0.70	-1.27	-0.07
2007	2.04	0.72	0.79	-1.32	-0.07
2008	2.19	0.77	0.86	-1.42	-0.09
2009	2.34	0.81	0.94	-1.53	-0.12

表6-6　收入效应、价格效应与服务业就业份额变化

年份	价格效应（ε_s-1）（$\pi_s-\pi$）	收入效应（η_s-1）$\hat{y}$	总效应（ε_s-1）（$\pi_s-\pi$）+（η_s-1）$\hat{y}$	服务业就业比重（%）	服务业就业份额的增长（%）
1981	0.43	0.38	0.80	13.6	3.82
1982	0.11	0.38	0.49	13.5	-0.74
1983	-0.03	0.38	0.36	14.2	5.19
1984	-0.02	0.39	0.37	16.1	13.38
1985	-0.05	0.40	0.35	16.8	4.35
1986	-0.09	0.40	0.31	17.2	2.38
1987	-0.05	0.40	0.35	17.8	3.49
1988	-0.04	0.41	0.37	18.3	2.81
1989	-0.06	0.41	0.36	18.3	0.00
1990	-0.06	0.41	0.35	18.5	1.09
1991	-0.07	0.42	0.35	18.9	2.16
1992	-0.06	0.42	0.36	19.8	4.76
1993	-0.05	0.43	0.38	21.2	7.07
1994	-0.03	0.43	0.40	23	8.49
1995	-0.01	0.44	0.42	24.8	7.83

续表

年份	价格效应 $(\varepsilon_s-1)(\pi_s-\pi)$	收入效应 $(\eta_s-1)\hat{y}$	总效应 $(\varepsilon_s-1)(\pi_s-\pi)+(\eta_s-1)\hat{y}$	服务业就业比重（%）	服务业就业份额的增长（%）
1996	0.00	0.44	0.44	26	4.84
1997	0.00	0.45	0.44	26.4	1.54
1998	0.00	0.45	0.45	26.7	1.14
1999	0.00	0.45	0.45	26.9	0.75
2000	0.00	0.46	0.46	27.5	2.23
2001	-0.01	0.46	0.45	27.7	0.73
2002	0.00	0.46	0.47	28.6	3.25
2003	0.02	0.47	0.48	29.3	2.45
2004	0.04	0.47	0.51	30.6	4.44
2005	0.05	0.48	0.53	31.4	2.61
2006	0.06	0.48	0.55	32.2	2.55
2007	0.06	0.49	0.55	32.4	0.62
2008	0.08	0.49	0.57	33.2	2.47

表6-7　服务业内部行业劳动生产率（亿元/万人）及其滞后程度

年份	交通运输仓储和邮电通信业		批发零售贸易和餐饮业		金融保险业		房地产业	
	π_1	$\pi_1-\pi$	π_2	$\pi_2-\pi$	π_3	$\pi_3-\pi$	π_4	$\pi_4-\pi$
1990	0.35	0.18	0.27	0.10	2.51	2.34	8.75	8.57
1991	0.38	0.19	0.27	0.09	2.39	2.21	8.98	8.79
1992	0.40	0.19	0.29	0.09	2.44	2.23	10.75	10.54
1993	0.45	0.21	0.30	0.06	2.48	2.25	9.74	9.50
1994	0.44	0.17	0.30	0.03	2.78	2.51	9.73	9.46
1995	0.47	0.18	0.29	0.00	2.88	2.59	10.12	9.83
1996	0.50	0.19	0.30	-0.01	2.93	2.61	10.02	9.71
1997	0.53	0.19	0.31	-0.03	3.01	2.67	10.08	9.74
1998	0.61	0.25	0.34	-0.02	3.10	2.74	10.04	9.68
1999	0.67	0.29	0.36	-0.02	3.11	2.72	10.42	10.03
2000	0.73	0.32	0.40	-0.01	3.32	2.91	10.67	10.26

续表

年份	交通运输仓储和邮电通信业		批发零售贸易和餐饮业		金融保险业		房地产业	
	π_1	$\pi_1-\pi$	π_2	$\pi_2-\pi$	π_3	$\pi_3-\pi$	π_4	$\pi_4-\pi$
2001	0.79	0.35	0.43	-0.01	3.44	3.00	11.06	10.62
2002	0.83	0.35	0.46	-0.02	3.63	3.16	11.04	10.56

表6-8 收入效应、价格效应与服务业内部行业就业份额变化

年份	批发零售贸易和餐饮业		金融保险业		房地产业	
	$(\varepsilon_2-1)(\hat{\pi}_2-\hat{\pi})$	$(\eta_2-1)\hat{y}$	$(\varepsilon_3-1)(\hat{\pi}_3-\hat{\pi})$	$(\eta_3-1)\hat{y}$	$(\varepsilon_4-1)(\hat{\pi}_4-\hat{\pi})$	$(\eta_4-1)\hat{y}$
1990	-0.19	0.92	3.20	1.15	5.69	3.81
1991	-0.16	0.93	3.94	1.16	6.11	3.85
1992	-0.15	0.94	4.29	1.18	8.44	3.90
1993	-0.11	0.96	4.30	1.19	8.05	3.96
1994	-0.06	0.97	4.39	1.21	8.15	4.01
1995	-0.01	0.98	3.91	1.22	7.73	4.05
1996	0.03	0.99	3.38	1.23	6.20	4.09
1997	0.06	1.00	2.80	1.24	6.18	4.13
1998	0.03	1.01	2.42	1.25	6.31	4.16
1999	0.04	1.01	2.01	1.26	6.76	4.19
2000	0.02	1.02	1.82	1.27	7.01	4.22
2001	0.01	1.03	1.65	1.28	7.35	4.25
2002	0.04	1.04	1.54	1.29	7.21	4.29
劳动就业份额（%）						
1991	4.58		0.36		0.07	
1992	4.85		0.37		0.08	
1993	5.18		0.40		0.10	
1994	5.81		0.39		0.11	
1995	6.31		0.41		0.12	
1996	6.54		0.42		0.12	
1997	6.87		0.44		0.12	
1998	6.58		0.44		0.13	

续表

年份	批发零售贸易和餐饮业		金融保险业		房地产业	
	$(\varepsilon_2-1)(\hat{\pi}_2-\hat{\pi})$	$(\eta_2-1)\hat{y}$	$(\varepsilon_3-1)(\hat{\pi}_3-\hat{\pi})$	$(\eta_3-1)\hat{y}$	$(\varepsilon_4-1)(\hat{\pi}_4-\hat{\pi})$	$(\eta_4-1)\hat{y}$
1999	6.65		0.46		0.13	
2000	6.50		0.45		0.14	
2001	6.49		0.46		0.15	
2002	6.74		0.46		0.16	

4. 结论及政策含义

本书在 Joachim Möller（2001）的分析框架下，利用状态空间模型估计了服务业及其内部行业的收入弹性和价格弹性的动态变化趋势，综合劳动生产率差异、价格效应和收入效应三个因素，分析影响我国服务业就业增长的主要因素，并得出如下结论：

第一，从服务业整体来看，收入需求弹性大于 1 与相对滞后的劳动生产率是促进服务业就业增长的主要因素。与一些国内以往的研究结果不同，本书估计的服务业收入弹性大于 1，说明随着经济的发展，对服务的需求增加，服务已经成为居民消费中的重要组成部门。收入弹性的提高，可以理解为最终需求的增加，它对服务业就业吸纳能力起到了正向作用。

第二，以批发零售贸易和餐饮业为代表的传统服务业，其相对劳动生产率持续下降。20 世纪 90 年代中期以后，传统服务业的价格效应由削弱效应变为正向增强效应，有力地带动了批发零售贸易和餐饮等传统行业就业比重的快速增长。

第三，以房地产行业与金融保险业为代表的现代服务业极富价格弹性，并且价格效应是推动其就业份额提高的主导因素。未来十几年里，得益于我国的城市化进程，房地产行业的就业份额仍将持续增长。但受金融管制影响，金融保险业的就业份额增长有放缓态势。

加快发展服务业是缓解就业压力的根本途径。对于尚未实现工业化的国家，工业是扩大就业的重要途径，但我国独特的工业化路径使工业的从业人员与其创造的价值相比明显偏多。在经济全球化的挑战面前，工业必须减员增效、下岗分流。1998 年以来，我国工业已累计减员 1840 万人，而服务业则成为吸纳就业的主要渠道。据夏杰长（2010）等预测，“十二五”期间，我国服务业就业比重将上升 5 个百分点，服务业就业人数将增加 4027.68 万人，服务业将成为我国吸纳第一产业转移人口的最重要产业。

因此，促进我国服务业发展的政策应侧重于扩大服务业的需求，使服务业走上健康良好的发展模式。首先，积极改善收入分配，提高低收入人群的收入，重点发挥收入效应对传统服务业就业的带动作用；其次，促进高新技术在现代服务业领域的广泛运用，提高服务业劳动生产率；最后，消除服务发展的体制障碍，优化服务业生存发展环境，如改善金融业的高度管制现状，适度开放民间金融，拓展金融服务业的发展空间。

参考文献

[1] 程大中．中国服务需求弹性的估计——基于 Baumol 模型的分析 [J]．南京大学商学院学报，2004 (6)：50 -71.

[2] 程大中．中国服务业增长的特点、原因及影响——鲍莫尔—富克斯假说及其经验研究 [J]．中国社会科学，2004 (3)：18 -32.

[3] 陈丹妮．城镇化对产业结构演进的影响 [J]．财经科学，2017 (11)：65 -77.

[4] 李克强．关于调整经济结构促进持续发展的几个问题 [J]．求是，2010 (11)：3 -15.

[5] 联合国报告：2050 年中国城市人口将新增 2.55 亿 [EB/OL]．人民网，world.people.com.cn/n1/2018/0517/c1002 -29995260.html，2018 -05 -16.

[6] 王俊．服务业就业增长之谜：对鲍莫尔—富克斯假说的再检验 [J]．人口与经济，2008 (11)：44 -48.

[7] 王杰．中国城镇化加速中的产业结构演变分析 [J]．经济研究导刊，2014 (3)：65 -66.

[8] 夏杰长，等．迎接服务经济时代来临——中国服务业发展趋势、动力与路径研究 [M]．北京：经济管理出版社，2010：36.

[9] 谢文蕙，邓卫．城市经济学 [M]．北京：清华大学出版社，1996：44.

[10] 张晓波．中国城镇化与扩大消费增长——一个结构主义视角的分析 [J]，经济问题，2014 (2)：40 -45.

[11] 张原. 中国服务业就业吸纳能力下降之谜——基于 Baumol 模型扩展的理论分析与实证研究 [J]. 贵州财经学院学报, 2011 (1): 28 – 34.

[12] 中投证券. 城镇化系列专题报告之二: 城镇化加速中的产业结构变迁 [D/OL]. 2012 – 08 – 14, 万得资讯数据库.

[13] Appelbaum E, Schettkat R. Employment and Productivity in Industrialized countries [J]. International Labour Review, 1995, 134: 605 – 623.

[14] Appelbaum E, Schettkat R. Are prices unimportant? The changing structure of industrialized countries, Journal of Post Keyesian Economics, 1999, 21 (3): 387 – 398.

[15] Appelbaum E, Schettkat R. The end of full employment? Economic developments in industrialized economies [J]. Intereconomics, 1994, 29: 122 – 130.

[16] Baumol W J. Macroeconomics of Unbalanced Growth [J]. American Economic Review, 1967: 57 (3): 415 – 426.

[17] Baumol W J. Sue Anne Batey Blackman, Edward N. Wolff. Productivity and American Leadship: The Long View [M]. Massachusetts: The MIT Press, 1991.

[18] Beibinger T, Moller J. Unemployment – Theoretical Explanations [M] // Wagner H. Globalization and Unemployment, Belin, Heidelberg, New York: Springer, 2000: 89 – 133.

[19] Bell, Daniel. The Corning of Post – Industrial Society [M]. London: Heinemann Educational Books Ltd, 1974.

[20] Blanchard O, Kiyotaki N. Monopolistric Competition and the Effects of Aggregate Demand [J]. American Economic Review, 1987, 77 (4): 647 – 666.

[21] Falvey R E, Gemmell N., Are Services Income – Elastic? Some New Evidence [J]. Review of Income and Wealth, 1996, 42 (3): 257 – 269.

[22] Fuchs V R. Production and Productivity in the Service Industries [R]. NBER, 1968.

[23] Jallat F. The Growth of Service Industries: The Paradox of Exploding Costs and Persistent Demand [J]. International Journal of Service Industry Management, 2002, 13 (2): 202 – 205.

[24] Mohnen P. A. The Relationship between R&D and Productivity Growth in Canada and Other Major Industrialized Countries [M]. Canada Communication Group, 1992.

[25] Möller J. Income and Price Elasticities in Different Sectors of the Economy: An analysis of Structural Change for Germany, the UK and the USA [M]. Cheltenham: Edward Elgar Publishing Limited, 2001.

[26] Raa T T, Schettka R. The Growth of Service Industries: The Paradox of Exploding Costs and Persistent Demand [M] . Cheltenham: Edward Elgar Publishing Limited, 2001.

[27] Russo G, Schettkat R. Are Structural Economic Dynamics a Myth? Changing Industrial Structure in the Final Product Concept [J] . Economia & Lavoro, 1999, 33 (3 -4): 173 -188.

[28] Schettkat R, Yocarini L. The Shift to Services Employment: A Review of the Literature [M] . Stuctural Change and Economic Dynamics, 2006, 17: 127 -147.

第七章　新型城镇化促进服务消费的联动机制研究

本章对新型城镇化促进服务消费的作用机制研究主要从理论和实证两个方面展开：首先，在理论研究上，运用发展经济学、消费经济学、交易成本、公共产品等理论，从农民转变为农民工和农民工转变为市民先后两个阶段研究城镇化如何促进消费增长的机制与路径。第一阶段着重从城市化的集聚效应、示范效应探讨城镇化对促进消费的作用机制，第二阶段侧重从城镇化的累积效应、降低交易成本、改善消费环境等角度，探讨新型城镇化进程中户籍改革、土地增值收益、公共服务均等化和服务业发展对培育服务消费需求的作用机制。其次，在实证研究上，借鉴习惯消费模型，运用异质性动态面板，采用混合均组（PMG）实证方法，对城镇化进程中城乡居民服务消费及其各项支出结构变动进行翔实的计量分析，对当前城镇化拉动城乡居民服务消费的实际效果做出评价分析。

第一节　对新型城镇化的理解

一、什么是新型城镇化

1. 学术界对新型城镇化定义的讨论

新型城镇化的概念是在城镇化基础上发展而来的。国内学者对新型城镇化的定义与内涵做了很多详细的解释和分析。例如，王平和王琴梅（2016）将新型城镇化的内涵界定为：新型城镇化是指坚持以人为本，以新型工业化为动力，以统筹兼顾为原则，推动城市现代化、城市集群化、城市生态化、农村城镇化，全面提升城镇化质量和水平，走科学发展、集约高效、功能完善、环境友好、社会和谐、个性鲜明、城乡一体、大中小城市和小城镇协调发展的城镇化建设路子。[①]新型城镇化的“新”主要由过去片面注重追求规模、追求速度转变为追求内涵、追求品质。牛文元（2010）概括了新型城镇化的本质，即城乡“动力、质量、公平”三者的有机统一。[②]

新型城镇化是一个综合的经济、社会系统演进过程。在这个过程中，随着生产方式和生活方式的改变，一方面，由于生产率提高，越来越多的农业剩余劳动力向工业集聚，带来人口向城镇集聚；另一方面，生活方式也会由农村社区向城镇社区转移。新型城镇化重在制度创新，是对旧的城镇化的系统纠正，表现在土地制度、户籍制度、社会保障制度领域的创新与突破。这有利于加快城乡一体化发展进程，全面释放蕴藏在城镇和农村的潜在消费需求，有利于推动农民工市民化进程，使其消费结构和消费能力提档升级（柳汶秀和赵新宇，2013[③]；谢淑娟，2014[④]；杨静和张光源，2014[⑤]；顾纪瑞，2014[⑥]）。新型城镇化作为全面建成小康社会，特别是中国现代化建设的重要标志，与传统城镇化的主要区别在于人的城镇化速率及其规模上，并由此表现出了城镇化发展模式与主体形态的差异。[⑦]由此可见，新型城镇化不同于传统城镇化，二者对居民的消费增长效应完全不一样，从既有文献可以看出学者们一致认为新型城镇化对居民消费增长具有积极的促进效应。

总之，新型城镇化相对于传统城镇化更加注重城镇化的质量、更加注重人的城镇化。新型城镇化重在用产业支撑就业，重在用城乡统筹缩小差距，重在用市场机制合理配置资源。在消费方面，新型城镇化随着社会保障制度的日益完善，这将对居民的消费心理和消费预期产生积极影响；新型城镇化意味着日益完善的城市设施，这将对居民的消费环境产生重要影响；新型城镇化意味着产品升级和消费品供给结构转变，将极大满足居民日益增长的消费需求及对美好生活的追求；新型城镇化意味着区域的不断协调发展，这将对欠发达地区消费潜力的释放

① 王平，王琴梅．新型城镇化驱动居民消费的效应机理与实证［J］．广东财经大学学报，2016（2）：67－76.

② 牛文元．中国新型城市化报告［M］．北京：科学出版社，2010.

③ 柳汶秀，赵新宇．新型城镇化进程中扩大内需的对策［J］．经济纵横，2013（11）：41－43.

④ 谢淑娟．在新型城镇化建设中扩大农村居民的消费［J］．宏观经济管理，2014（11）：74－77.

⑤ 杨静，张光源．推进“三个同步转变”的新型城镇化：以农民工市民化为突破口［J］．中州学刊，2014（6）：41－46.

⑥ 顾纪瑞．新型城镇化将推动消费潜力释放：以江苏省为例［J］．消费经济，2014（12）：3－6.

⑦ 孙红玲．论人的城镇化与人均公共服务均等化［J］．中国工业经济，2014（5）：18－30.

产生积极的影响。

2. 国家政策层面对新型城镇化的阐释

除了从经济结构演变的一般规律研究城镇化之外，理解城镇化更需要从一个国家经济社会体制改革的大背景中深入地剖析，例如，户籍制度的改革，土地流转制度的改革，服务行业管制的放开，收入分配制度的改革等，从这些具有“中国特色”的具体问题中具体分析。

首先，从“新型城镇化”战略的提出上，“城镇化”的提出是一个汲取各种不同的经验和教训的过程。2000 年发布的国家“十五”规划中提到，“推进城镇化要遵循客观规律，与经济发展水平和市场发育程度相适应，循序渐进”，并首次在官方文件中使用“城镇化”的表述。党的十六大报告提出“新型工业化”战略中的依托产业融合推动城乡一体化就已经体现了“新型城镇化”的思想。“新型城镇化”则是在 2012 年党的十八大首次正式提出，“坚持走中国特色新型工业化、信息化、城镇化、农业现代化道路，推动信息化和工业化深度融合、工业化和城镇化良性互动、城镇化和农业现代化相互协调，促进工业化、信息化、城镇化、农业现代化同步发展。2014 年 3 月，李克强总理在政府工作报告中对“新型城镇化”做出的最新解释是：“坚持走以人为本、四化同步、优化布局、生态文明、传承文化的新型城镇化道路，遵循发展规律，积极稳妥推进，着力提升质量。”2013 年中央经济工作会议再度强调了要“积极稳妥推进城镇化，着力提高城镇化质量”，“城镇化是我国现代化建设的历史任务，也是扩大内需的最大潜力所在，要围绕提高城镇化质量，因势利导、趋利避害，积极引导城镇化健康发展。要构建科学合理的城市格局，大中小城市和小城镇、城市群要科学布局，与区域经济发展和产业布局紧密衔接，与资源环境承载能力相适应。要把有序推进农业转移人口市民化作为重要任务抓实抓好。要把生态文明理念和原则全面融入城镇化全过程，走集约、智能、绿色、低碳的新型城镇化道路”。

2014 年，国家提出了《国家新型城镇化发展规划（2014—2020 年）》（以下简称《规划》），《规划》对新型城镇化做出了全面而深刻的解释。新型城镇化特征可以简单概括为：以人为本、低碳环保、城乡统筹、产业支撑。《规划》提到扩大内需对推动经济持续健康发展的重要性，而城镇化则是内需扩大的助推器。内需是我国经济发展的根本动力，扩大内需的最大潜力在于城镇化。城镇化水平持续提高，会使更多农民通过转移就业提高收入，通过转为市民享受更好的公共服务，从而使城镇消费群体不断扩大、消费结构不断升级、消费潜力不断释放，也会带来城市基础设施、公共服务设施和住宅建设等方面的巨大投资需求，这将为经济发展提供持续的动力。

新型城镇化的核心目标是实现“进城农民变市民”的身份转变，通过增强他们的消费能力来刺激投资需求并最终推动经济发展。这种转变要通过供给和需求两个路径实现：首先，在供给层面，要加强城镇公共服务配套设施的建设；其次，在需求层面，要切实提高城镇新消费群体的收入水平。

二、城镇化缺口在不断扩大

1. 人的城镇化与户籍城镇化差距在扩大

改革开放之前，城乡人口流动较少，常住人口城镇化率和户籍人口城镇化率变化都不大，稳定在2%左右的差距（见图7－1）。1978年之后，两者之间差距逐渐扩大，由1978年的2.1%扩大到1996年的6.1%，再到2014年的18.1%。我国户籍制度的建立是满足特定历史时期的需要（在计划经济体制下，农村人口向城市流动，扰乱了生产资料和生活资料的配给，因此1958年户籍制度正式建立的首要目的是限制“盲流”）。但是随着计划经济体制的解体、市场经济体制的建立，户籍制度并没有随着经济制度的变革进行有效的调整，反而给户籍制度添加更多的“附加值”。例如人们在教育、医疗和养老领域享受的特殊待遇都是绑定在户籍制度上的，这造成了诸多的不平等。习近平总书记对深入推进新型城镇化建设做出重要指示，强调城镇化是现代化的必由之路，以人的城镇化为核心，更加注重提高户籍人口城镇化率。

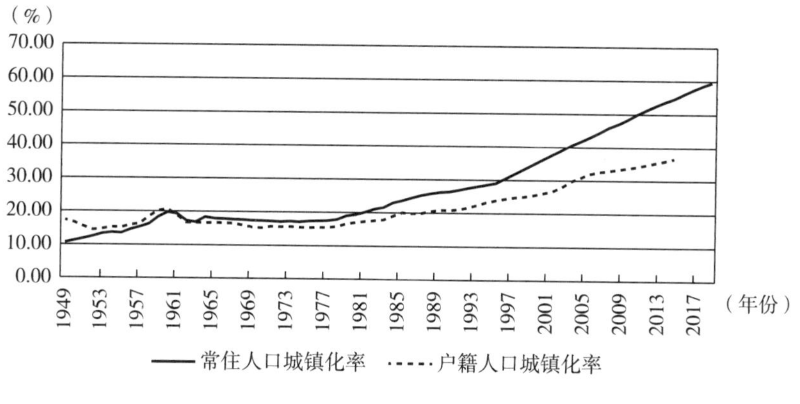

图7－1 1949～2018年中国城镇化率

资料来源：Wind资讯“中国宏观经济数据库”。

2. 以“流动迁徙”为主的城镇化距离实现农民工市民化还需较长过程

改革开放以来，随着工业化推进涌现了人口流动的大潮。据统计，2000～2010 年，流动人口数量增长了 1 亿人（见图 7－2）。2010 年以后，流动人口数量趋于稳定。农民向城市的迁徙以流动就业为主，并没有完全实现农村人口向城镇的定居或落户。在我国统计的城镇人口中，超过 1.5 亿是农业户籍人口，大约占到了城镇人口的 25%～30%。以北京、上海为代表的一线城市的常住人口中，外来人口占比非常大。2010 年第六次全国人口普查数据显示，北京市常住外来人口已达 704.5 万人，占全市常住人口的 35.9%。常住外来人口中，务工经商的人口比例为 73.9%。上海市 2011 年全市常住人口达 2347.46 万人，外来常住人口达到 935.36 万人，占全市常住人口总量的 39.8%，外来人口占常住人口比例相对于 2000 年的 19.49%，提高了 20.36 个百分点。

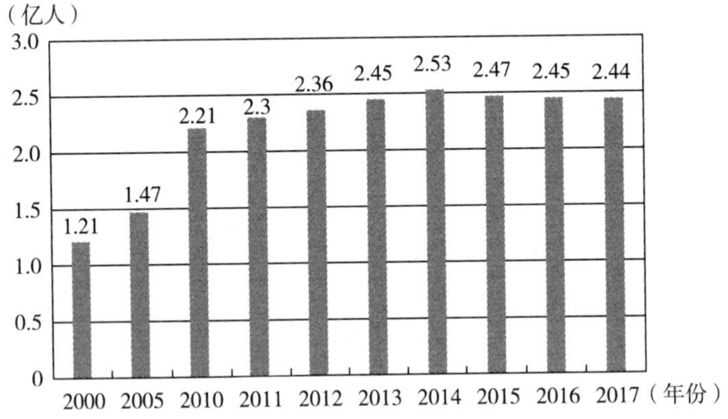

图 7－2 2000 年以来中国流动人口数量

资料来源：《中国统计年鉴》（2018）。

3. 农民工流动迁徙导致收入与支出存在“时间地域差”

绝大多数农民工是独立在城镇打工，其子女留在老家抚养。如果未来深度城镇化顺利施行，更多的农民工家庭能举家迁徙到城市居住，长久被压抑的农村居民旅游需求将有较大的释放空间。据抽样调查结果，2011 年全国农民工总量达到 25278 万人，比上年增加 1055 万人，增长 4.4%。其中，外出农民工 15863 万人，增加 528 万人，增长 3.4%；住户中外出农民工 12584 万人，比上年增加 320 万人，增长 2.6%；举家外出农民工 3279 万人，增加 208 万人，增长 6.8%；本地农民工 9415 万人，增加 527 万人，增长 5.9%。[①] 多年来，我国外出农民工的占比始终保持在 60% 以上，但在外出农民工中，举家外出的比例仅仅在 20% 左右。由于住房、医疗保障、子女教育等因素阻止了农民工的举家外出，随着新型城镇化的深入推进，农民工家庭有望在城市真正实现“安家落户”，并以此带动服务消费需求的增长。

三、新型城镇化是扩大内需和推动经济增长的重要驱动力

学术界针对新型城镇化与扩大内需展开了热烈的讨论。这些观点概括为赞成说、质疑说和建设说三条思路[②]：赞成说认为城镇化能有效推动城镇建设、创造投资需求和消费需求，引发消费升级（方振辉，2010[③]；张占斌，2013[④]）。质疑说认为，新型城镇化能否真正扩大内需在于如何明确其在经济社会发展中的定位和相关的配套政策（张鸣，2013）[⑤]。赞成说和质疑说都有道理。客观地说，赞成说和建设说都有一定的片面性，因为从城镇化到内需扩大可能并不是一个直接单向的因果联系，中间一定存在着一个重要的调节因素。由此，建设说成为第三条思考路径。建设说更加注重如何解决城镇化过程中的问题，例如，能否落实农民工市民化问题，释放城镇化潜力才是新型城镇要解决的根本问题。[⑥] 为了落实农民工的权益和保障，政府的主要工作是如何推进农业转移人口的市民化、如何维护农民工的平等权利和如何促进农民工融入城市社区。[⑦] 总而言之，建设说强调人的城镇化，要完成人的城镇化必须完善相关政策保障。然而，实现人的城镇化涉及产业结构改善、人力资本提高、城乡居民公共服务均等化、中央与地方的财政配套支持等一系列议题。

1. 新型城镇化逐步放开服务业管制，大力发展现代服务业

后工业化时期，服务业占据主导地位，城镇化的发展离不开现代服务业的深入推进。相比发达国家，我国的服务业还有很大的提升空间。据统计，2018 年，中国服务业增加值为 469575 亿元，占 GDP 比例为 52.2%。但和发达国家的差距

---

① 中银国际. 深度城镇化催化农村居民旅游消费模式升级与变迁 [EB/OL]. (2012-11-28). stock. hexun. com/2012-11-29/148495656. html.

② 张杨波. 新型城镇化、扩大内需与消费升级 [J]. 浙江学刊, 2017 (5): 129-134.

③ 方振辉. 城镇化创造国内需求的机理分析 [J]. 现代经济探讨, 2010 (3): 49-53.

④ 张占斌. 新型城镇化的战略意义和改革难题 [J]. 国家行政学院学报, 2013 (1): 48-54.

⑤ 张鸣. 城镇化不是神话 [N]. 彭博商业周刊, 2013-04-10.

⑥ 夏锋. 规模效应、人口素质与新型城镇化的战略考量 [J]. 改革, 2013 (3): 25-36.

⑦ 陈伯庚, 陈承明. 新型城镇化与城乡一体化疑难问题探析 [J]. 社会科学, 2013 (9): 34-43.

还是很大，比如美国2017年服务业增加值占全部增加值的78.9%。[①] 目前我国仍有部分服务行业在政府的管制之下，比如传媒行业、教育、医疗等领域都存在着快速发展的潜力。政府通过放松服务业的管制极大地促进了这些地区服务业的发展。因此，加快服务业的发展必然要求国家放开对服务业的管制，打破垄断、降低门槛，吸引更多国内外投资进入相关行业。竞争的引入对服务业的发展至关重要，也是服务业改革的核心内容。

2. 新型城镇化充分发挥人的集聚对产业集聚的推动作用

新型城镇化对人的集聚和对产业集聚的助推作用明显增强。随着越来越多的农村人口市民化，提高了城镇的市场需求，有利于企业扩大规模和就业。城镇需求的迅速增长和多元化，又促进了专业化分工的提高，带动金融、保险业、信息和计算机服务业等专业化服务的发展。不仅如此，城市的产业繁荣、发达的收入水平和完善的消费环境以及公共配套服务进一步吸引更多人才会集，带来新的资本和新的技术，而这些又进一步强化了城镇的集聚和完善。

3. 新型城镇化改革户籍制度，实现农业流动人口市民化转变

城乡二元结构是我国城市和乡村二元分割的主要形式，它强调的是城市与农村、市民与农民间的两套不同的社会管理和福利制度。城乡二元结构包含着“静态和动态”两种形式的“双二元结构”。静态二元结构是指在计划经济体制下基于农民与市民两种不同的户籍身份建立起来的城市与农村、市民与农民的差异结构。动态二元结构是指在市场经济条件下农民工因生产生活条件和公共服务不同形成的差异结构。城乡和区域之间的就业、社会保障、土地管理及财税体制等均建立在户籍制度的基础之上，并成为限制人口在城乡之间、地区之间自由转移的刚性门槛。因此解决“双二元结构”需要国家的顶层设计，在城乡与区域之间搭建制度框架和相应的配套措施。

第二节　新型城镇化促进服务消费的联动机制分析

城镇化是一个宏观的、综合的历史发展过程，其构成因素如收入、产业、环

① 数据来源于Wind资讯“全球宏观数据库”。

境和社会保障等变化对居民消费需求有着错综复杂的影响。[①] 新型城镇化驱动居民消费需求的作用机制是这些因素相互影响、相互制约的过程。本书根据这些因素，将新型城镇化促进服务消费的联动作用机制归结为收入效应、规模效应、示范效应、创新效应和保障效应五个部分。

一、收入效应

消费是收入的函数，消费需求的扩大最终取决于收入的增加。城镇化快速发展推动了人口大规模向城市迁移，推动物力和财力向城市集中，提高生产的专业化程度和劳动生产率，最终提高城乡居民的收入水平。从经济发展阶段与消费结构演变的一般规律来看，随着收入水平的提高，人们的消费结构从食品类支出向耐用消费品及服务消费转变。城镇化的加速推进可以从根本上提高农民收入，扩大其服务消费需求。这一点可以理解为两个方面：一是城镇化的过程即农村剩余劳动力转移的过程，有助于实现农业的规模经营，提高农业劳动生产率，增加农民收入，提高农民消费水平；二是城镇化将创造更多的就业岗位，使非农就业比例提高，改善农民收入增长预期，释放农村居民巨大的消费潜力。随着收入的增加，更多的农村劳动力愿意进城居住，产生衣、食、住、行、教育、医疗、休闲等多方面需求。因此，收入效应成为城镇化与居民服务消费水平提高之间的一个纽带。

二、规模效应

城镇化进程中的规模效应是通过城市的集聚和产业的集聚而产生的效率提升。城市的集聚促进了产业结构调整，带动了服务业的迅猛发展。服务产业集聚是在城市集聚的基础上形成的金融保险、科技研发、创意设计、专业服务等全产业链高度融合的服务业集群。产业结构演进的规律表明，第三产业即服务业在整个国民经济中所占的比重越来越大。现代服务业的发展有两个重要特征：一是服务业的生产与消费在时间上和空间上是高度统一的，这与工业的生产与消费模式可以实现时空分离是完全不同的；二是服务业集聚需要人口的集聚，只有人口集聚达到一定程度时才能分工，形成对商业、餐饮、旅店、教育、文化娱乐、卫生、体育、旅游、金融保险、信息咨询等服务消费的巨大需求，才能降低服务业的供给成本和交易费用，实现规模经济效应。因此，在这种规模效应的影响下，

---

① 夏杰长．城镇化对中国城乡居民服务消费影响的实证分析——基于 2000－2011 年省际面板数据［J］．学习与探索，2014（1）：101－105.

势必会增加居民对服务消费的支出。

三、示范效应

我国长期存在的二元乃至三元经济的特征决定了在我国经济的发展过程中，城乡互动是其最为典型的特征。① 新型城镇化过程的核心是“农民变市民，最终改变农民的生产生活方式”，这可以理解为一个“入乡随俗”的过程。由于收入水平提高和消费环境改变，受到城市生活方式潜移默化的影响，进城农民的消费心理、消费观念、消费结构和消费方式将会发生相应的变化，并逐渐向城市居民靠拢。与农村居民相比，城市居民的消费结构中，服务消费的比重显著大于农村居民。因此，在示范效应下，新型城镇化在使农民完成市民化转化的过程中，显著促进了整体服务消费水平的提高。

四、创新效应

城镇化促进了生产的分工与合作。城镇化为不同领域和学科之间创造了更多的交流机会，进而促进了新知识、新技术和新产品的扩散。从产业集聚角度来讲，城镇化引致制造业和服务业的产业集群，推动技术创新和经济发展。与此同时，人口向城镇集中有利于科学技术知识的积累和交流互动，思想传播和互动频繁有利于促进技术创新和技术扩散。城市集中了高收入群体，使有些人更喜欢尝试多样化的新产品和新科技，有利于产品创新。创新产品的不断出现，可以刺激服务消费需求的进一步扩大。

五、社会保障效应

新型城镇化重在破除体制机制的制度藩篱，打破城乡区域双重二元结构，取消户籍限制，改变以往以财政供给户籍人口计算地方财力的传统做法，给予农民工与市民同等的公共服务待遇，使农民工可以根据自己的比较优势自由流动选择城市定居，从而增强农民工的增收能力，扩大他们对服务消费的需求。随着大量的农村劳动力进入城镇，他们将有机会享受城市更加完善的教育、医疗、养老等社会服务。完善的社会保障体系降低了不确定性，使得居民预防性储蓄的动机减

① 陈吉元和胡必亮（1994）认为，我国现阶段的经济特征决定了我国不可能通过农业剩余劳动力从传统农业部门一步到位地直接转移到城市现代部门，而需要多走一步，即大力发展传统农业经济、农村工业经济和城市现代工业经济，实现从二元经济向三元经济的转型，然后实现从三元经济向一元经济的转型。

小，居民消费信心增强。在完善的社会保障体系下，居民会将更多的可支配收入转化为当期消费，从而带动居民消费需求的扩张。

通过梳理新型城镇化促进服务消费的影响机制，我们将上述机制以图形来表示，见图7-3，以更加清晰、更加明确地阐述新型城镇化对服务消费产生的联动机制，进而便于下文从实证角度来检验这一联动效应。

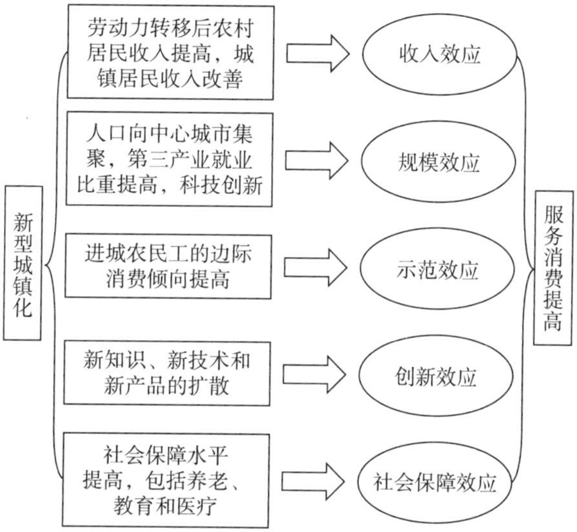

图7-3　新型城镇化对服务消费的联动机制

第三节　新型城镇化促进服务消费的联动机制检验

一、实证框架分析

本书的计量模型拟将城乡居民家庭人均服务消费支出水平作为被解释变量，自变量的选择依据其对因变量的逻辑关系进行了筛选。在理论分析的基础上，参照姜凌和高文玲（2013）的模型，在综合了数据的可得性之后，按照动态面板模型的基本原理，本书初步设定如下回归方程：

$$\ln SC_{it} = \alpha_{i0} + \alpha_{i1}\ln SC_{i,t-1} + \alpha_{i2}\ln INCOME_{it} + \alpha_{i3}URBAN_{it} + \varepsilon_{it} \quad (7-1)$$

在此模型中，下标 i 表示不同省份，t 表示时间，范围为 2000～2018 年。SC_{it}为被释变量，即我国不同省份的服务消费占比。$SC_{i,t-1}$即为滞后一期的被解释变量。根据 James Stemble. Duesenberry（1949）提出的棘轮效应，即绝对收入水平变动并不会必然引起消费水平的变动，而是受制于一系列的消费习惯，比如消费者的前期消费行为。Brown（1952）在其基础上提出了持续习惯理论，认为居民的前期消费水平比前期收入更能恰当地解释当期消费的滞后变量。$INCOME_{it}$为核心变量之一收入水平。前面的文献梳理中提到，收入一直是消费的决定因素，在本模型中为人均可支配收入。$URBAN_{it}$为另一个核心变量——城镇化率，即城镇人口在总人口中的比重。ε_{it}为随机误差项。为了避免可能存在的异方差，我们对变量做了对数处理。

为了考察城镇化促进服务消费的收入效应、规模效应、创新效应和社会保障效应，我们分别构建城镇化率与人均可支配收入、城镇化率与第三产业比重、城镇化率与研发支出比重、城镇化率与政府社会性支出比重，这四个交叉项具体如下：

$$\ln SC_{it} = \alpha_{i0} + \alpha_{i1}\ln SC_{i,t-1} + \beta_{it}(URBAN_{it} * \ln INCOME)_{it} + \varepsilon_{it} \tag{7-2}$$

$$\ln SC_{it} = \alpha_{i0} + \alpha_{i1}\ln SC_{i,t-1} + \alpha_{i2}\ln INCOME_{it} + \delta_{it}(URBAN_{it} * SERVICE_{it}) + \varepsilon_{it} \tag{7-3}$$

$$\ln SC_{it} = \alpha_{i0} + \alpha_{i1}\ln SC_{i,t-1} + \alpha_{i2}\ln INCOME_{it} + \phi_{it}(URBAN_{it} * RD_{it}) + \varepsilon_{it} \tag{7-4}$$

$$\ln SC_{it} = \alpha_{i0} + \alpha_{i1}\ln SC_{i,t-1} + \alpha_{i2}\ln INCOME_{it} + \lambda_{it}(URBAN_{it} * GOV_{it}) + \varepsilon_{it} \tag{7-5}$$

二、数据来源和变量描述性统计

本书计量分析数据使用的是 2000～2017 年度中国 31 个省市自治区的省级面板数据，主要来源于中国经济社会发展统计数据库，包括历年《中国统计年鉴》相关变量的年度数据。值得指出的是，受我国现阶段统计制度的制约，我国城镇化率部分年份数据缺失。本书数据皆按其前后两年的增长率进行了相应外推而得。具体处理为：城镇化率省级层面 2000～2004 年，我们按照当年人口自然增长率进行了相应外推。

相关变量的定义及描述性统计如表 7－1 所示。从表中可见，各变量的分布均存在一定的范围之内①，且面板数据中 N＝31，T＝12，符合小 T 大 N 的短面板基本特征，这满足对 GMM 计量模型进行回归的前提要求。

① 面板数据组内标准差、组间标准差与解释变量在 31 个省份的时间趋势图因篇幅所限未给出。

表 7－1 变量的定义和描述性统计

变量	定义	均值	标准差	最小值	最大值	样本量
SC	人均服务消费支出（城镇）	3416	2201.56	524	8461	558
	人均服务消费支出（农村）	1174	1012.21	165	4035	558
INCOME	居民可支配收入（城镇）	16841	8211.30	5281	38348	558
	居民纯收入（农村）	6028	2891.62	1842	12831	558
URBAN	城镇化率	48.3%	0.0731	31%	66%	558

三、计量结果分析

本书的回归结果借助 STATA 12.0 实现。考虑到样本采集数据的时间年限较短和本书模型的计量特征，在综合了差分 GMM 和系统 GMM 的估计结果①后，我们决定采用系统 GMM 估计分别就城镇面板数据和农村面板数据进行回归分析。

首先，我们考虑城镇化进程对城镇居民服务消费的影响，利用城镇居民服务消费的数据，我们得到如下回归结果，如表 7－2 所示。

表 7－2 城镇化与城镇居民服务消费

	(1)	(2)	(3)	(4)	(5)
$\ln SC_{it-1}$	0.4212*** (0.01)	0.3909*** (0.02)	0.3521*** (0.06)	0.3756** (0.09)	0.3159 (0.07)
$\ln INCOME$	0.0281*** (0.06)	—	0.0353*** (0.08)	0.0414** (0.02)	0.0319*** (0.06)
$URBAN$	0.0556** (0.08)	—	—	—	—
$URBAN \times \ln INCOME$	—	0.0172*** (0.04)	—	—	—
$URBAN \times SERVICE$	—	—	0.0319** (0.05)	—	—
$URBAN \times RD$	—	—	—	0.0282*** (0.08)	—

① 限于篇幅，本书直接报告了系统 GMM 的估计结果，差分 GMM 估计由于工具变量无法满足有效性检验而予以剔除。

续表

	(1)	(2)	(3)	(4)	(5)
URBAN×*GOV*	—	—	—	—	0.0322** (0.04)
常数项	-0.35*** (0.08)	0.42*** (0.01)	0.83** (0.02)	0.71*** (0.05)	-0.21* (0.03)
Wald 联合显著性检验	934.51	278.81	643.47	903.10	354.29
AB 一阶自相关检验	-6.24*** (0.00)	-7.72*** (0.00)	-8.18** (0.00)	-4.29*** (0.00)	-2.81*** (0.00)
AB 二阶自相关检验	-0.82** (0.00)	-0.61*** (0.00)	-0.93*** (0.00)	-0.71*** (0.00)	-0.86*** (0.00)
Hansen 检验	41.81 (0.13)	79.66 (0.21)	91.44 (0.17)	63.18 (0.11)	32.72 (0.12)

注：*、**、***分别表示在10%、5%、1%的水平上显著。

从表7-2可以发现，Arrelano-Bond一阶自相关检验的P值在1%的水平上显著拒绝没有序列相关的原假设，而二阶自相关检验的P值不拒绝没有序列相关的原假设。即其满足GMM估计中一阶序列自相关，一阶差分后的扰动项不允许存在二阶序列自相关的基本要求。Hansen检验的P值皆大于0.1，不拒绝工具变量有效性的原假设。然而Wald联合显著性检验皆在1%的水平上显著。

从模型的滞后1期城镇居民服务消费支出来看，其变量系数基本稳定在0.40左右，且非常显著。这充分说明，在影响居民服务消费增长的诸因素中，居民前期的服务消费习惯对于本期消费具有至关重要的影响作用，符合棘轮效应假设。

在不考虑城镇化对居民服务消费的联动效应下，从模型（7-1）的回归结果来看，居民可支配收入提高对服务消费支出的增长有显著而积极的效应，其相关系数为0.03；城镇化率水平提高对服务消费支出的增长也有显著而积极的作用，其相关系数为0.06。

考虑到城镇化对居民消费的联动效应后，从依次引入城镇化率与可支配收入、服务业比重、研发支出比重和政府社会性支出比重的交叉变量回归系数来看，均显著为正，其相关系数分别为0.0172、0.0319、0.0282和0.0322。这说明城镇化过程中，通过提高居民收入水平、提高产业结构服务化水平、增加研发支出比重以及提高政府在公共服务领域的支出，都有助于提高城镇居民的服务消费水平，从而分别验证了前文提到的几个联动效应。

接下来，我们利用农村居民的服务消费数据，对城镇化与农村居民服务消费的关系进行研究，回归结果如表7-3所示。

表7-3 城镇化与农村居民服务消费

	(1)	(2)	(3)	(4)	(5)
$\ln SC_{it-1}$	0.4623*** (0.04)	0.4022*** (0.03)	0.3916*** (0.04)	0.3342** (0.09)	0.3653 (0.07)
$\ln INCOME$	0.0465*** (0.09)	—	0.0384*** (0.04)	0.0355** (0.07)	0.0452*** (0.06)
$URBAN$	0.0633** (0.03)	—	—	—	—
$URBAN\times\ln INCOME$	—	0.0369*** (0.05)	—	—	—
$URBAN\times SERVICE$	—	—	0.0483** (0.09)	—	—
$URBAN\times RD$	—	—	—	0.0143*** (0.04)	—
$URBAN\times GOV$	—	—	—	—	0.0412** (0.08)
常数项	0.65*** (0.08)	0.87*** (0.05)	0.46** (0.01)	0.55*** (0.06)	-0.53* (0.03)
Wald联合显著性检验	995.31	546.23	576.45	231.10	432.34
AB一阶自相关检验	-9.31*** (0.00)	-3.86*** (0.00)	-5.21** (0.00)	-3.43*** (0.00)	-3.42*** (0.00)
AB二阶自相关检验	-0.33** (0.00)	-0.11*** (0.00)	-0.76*** (0.00)	-0.34*** (0.00)	-0.31*** (0.00)
Hansen检验	56.84 (0.15)	36.68 (0.55)	23.65 (0.11)	12.85 (0.13)	75.32 (0.13)

注：*、**、***分别表示在10%、5%、1%的水平上显著。

从表7-3可以看出，和城镇面板数据的回归结果相似，系统GMM回归中，一阶、二阶自相关检验和工具变量有效性检验皆符合GMM估计的基本要求，整个模型在1%的水平上显著。在将所有变量引入模型后不难发现，农村居民的服务消费受前期消费习惯、收入和城镇化率的影响作用分别为0.46、0.05和0.06，均非常显著。这说明，一方面，城镇化对农村居民服务消费的提升效应明显大于对城镇居民的影响；另一方面，城镇化中的示范效应也是非常明显的。

考虑到城镇化对农村居民消费的联动效应后，依次引入城镇化率与农民人均纯收入、服务业比重、研发支出比重和政府社会性支出比重的交叉变量回归系数来看，均显著为正，其相关系数分别为0.0369、0.0483、0.0143和0.0412。这说明城镇化过程中，通过提高农村居民收入水平、提高产业结构服务化水平、提高研发支出比重上升代表的创新水平以及增加政府在公共服务领域的支出，都有助于提高农村居民的服务消费水平，从而分别验证了前文提到的几个联动效应。

四、研究结论

通过上述实证研究分析，我们得到如下结论：

第一，近年来我国城镇化水平的提高有助于促进我国城乡居民的服务消费支出的增加。

第二，从影响我国城乡居民服务消费的诸因素来看，居民消费习惯的影响力仍旧显著大于城镇化对居民服务消费的影响。

第三，城镇化对城乡居民服务消费的促进作用主要是通过收入效应、示范效应、集聚效应、创新效应和社会保障效应五个作用机制体现的。

值得提出的是，本书也存在一些缺点和不足，具体体现在以下两点：

其一，在数据的处理过程中。受统计制度等客观因素的制约，我们无法得到更长时间范围的数据。

其二，影响消费的因素除收入等可以直接观测的数据外，还可能受到一系列无法观测因素的影响，虽然从本书的研究过程来看，基本能够说明城镇化对服务消费的可能影响，但我们无法在一个模型中穷尽所有的制约因素。这可能会对我们的结论产生一定的影响，也是我们未来的研究方向。

参考文献

[1] 陈伯庚，陈承明．新型城镇化与城乡一体化疑难问题探析［J］．社会科学，2013（9）：34－43.

[2] 陈吉元，胡必亮．中国的三元经济结构与农业剩余劳动力转移［J］．经济研究，1994（4）：14－22.

[3] 陈强．高级计量经济学及Stata应用［M］．北京：高等教育出版社，2011：179－181.

［4］陈燕武，夏天．中国农村居民文教娱乐消费区域性差异分析——基于中国省级面板数据的研究［J］．经济问题探索，2006（9）：59－63.

［5］程大中，陈宪．上海生产者服务与消费者服务互动发展的实证研究［J］．上海经济研究，2006（1）：40－49.

［6］程大中，汪蕊．服务消费偏好、人力资本积累与“服务业之谜”破解：Pugno 模型拓展及基于中国的数值模拟［J］．世界经济，2006（10）：49－58.

［7］程大中．收入效应、价格效应与中国的服务性消费［J］．世界经济，2009（3）：14－25.

［8］方振辉．城镇化创造国内需求的机理分析［J］．现代经济探讨，2010（3）：49－53.

［9］辜胜祖．城镇化是投资需求和消费需求最好的结合点［EB/OL］．人民网，http：//finance. people. com. cn/GB/13804543. html，2011－01－24.

［10］顾纪瑞．新型城镇化将推动消费潜力释放：以江苏省为例［J］．消费经济，2014（12）：3－6.

［11］郭怀英．扩大服务消费需求的制约因素分析［J］．中国经贸导刊，2011（6）：28－30.

［12］胡日东，苏梽芳．中国城镇化发展与居民消费增长关系的动态分析——基于 VAR 模型的实证研究［J］．上海经济研究，2007（5）：58－65.

［13］黄少军．商品消费、服务消费和经济结构变化——一个微观经济学的分析［J］．华南师范大学学报（社会科学版），2000（2）：25－31.

［14］江小涓，李辉．服务业与中国经济：相关性和加快增长的潜力［J］．经济研究，2004（1）：4－15.

［15］江小涓．服务业增长：真实含义、多重影响和发展趋势［J］．经济研究，2011（4）：4－15.

［16］姜凌，高文玲．城镇化与农村居民消费——基于我国 31 个省（区）动态面板数据模型的实证研究［J］．投资研究，2013（1）：141－149.

［17］李怀．新型城镇化的合法性与有效性：一个解释框架［J］．北京工业大学学报（社会科学版），2015（6）：1－7.

［18］李江帆．论服务消费的社会功能［J］．消费经济，2012（1）：24－27.

［19］李朴民，田成川，杨特．加快城镇化扩大内需的战略思考［J］．宏观经济管理，2009（1）：24－27.

[20] 刘志飞，颜进．从居民消费角度看城市化道路的选择［J］．城市问题，2004（3）：36－39.

[21] 柳汶秀，赵新宇．新型城镇化进程中扩大内需的对策［J］．经济纵横，2013（11）：41－43.

[22] 牛文元．中国新型城市化报告［M］．北京：科学出版社，2010.

[23] 孙红玲．论人的城镇化与人均公共服务均等化［J］．中国工业经济，2014（5）：18－30.

[24] 王飞，成春林．城镇化对我国居民消费率的影响［J］．甘肃农业，2003（11）：19－20.

[25] 王平，王琴梅．新型城镇化驱动居民消费的效应机理与实证［J］．广东财经大学学报，2016（2）：67－76.

[26] 吴铮，李广泳．滞后的城镇化对我国居民消费的影响效应——基于省际面板数据的协整与误差修正模型分析［J］．青海师范大学学报（哲学社会科学版），2012（4）：16－22.

[27] 夏锋．规模效应、人口素质与新型城镇化的战略考量［J］．改革，2013（3）：25－36.

[28] 夏杰长，张颖熙．我国城乡居民服务消费现状、趋势及政策建议［J］．宏观经济研究，2012（4）：14－21.

[29] 夏杰长．以扩大消费需求为着力点调整我国总需求结构［J］．经济学动态，2012（2）：67－70.

[30] 谢淑娟．在新型城镇化建设中扩大农村居民的消费［J］．宏观经济管理，2014（11）：74－77.

[31] 杨静，张光源．推进“三个同步转变”的新型城镇化：以农民工市民化为突破口［J］．中州学刊，2014（6）：41－46.

[32] 杨玉英．我国服务消费发展的研究［J］．宏观经济研究，1999（9）：46－50.

[33] 易行健，刘胜，杨碧云．民生性财政支出对我国居民消费率的影响——基于1996－2009年省际面板数据的实证检验［J］．上海财经大学学报，2013（2）：55－62.

[34] 易行健，张波．中国城镇居民消费倾向波动的实证检验——基于不同收入阶层视角［J］．上海财经大学学报，2011（1）：74－81.

[35] 张鸣．城镇化不是神话［N］．彭博商业周刊，2013－04－10.

[36] 张占斌. 新型城镇化的战略意义和改革难题 [J]. 国家行政学院学报, 2013 (1): 48 -54.

[37] 中银国际. 深度城镇化催化农村居民旅游消费模式升级与变迁 [EB/OL]. 中银国际, stock. hexun. com/212 - 11 - 29/148495656. html, 2012 -11 -28.

[38] Arellano M, Bond S. Some Tests of Specification for Panel Data: Monte Carlo Evidence and an Application to Employment Equation [J]. Review of Economic Studies, 1991 (58): 277 -298.

[39] Arellano M. Sargan's Instrumental Variables Estimation and the Generalized Method of Moments [J]. Journal of Business & Economic Statistics, 2002 (20): 450 -459.

[40] Baum C F, Schaffer M E., Stillman S. Instrumental Variables and GMM: Estimation and Testing [R]. Boston College Working Paper 545, 2003.

[41] Blundell R, Bond S. Initial Conditions and Moment Restrictions in Dynamic Panel Data Models [J]. Jouranl of Econometrics, 1998 (87): 115 -143.

[42] Brown T M. Habit Persistence and Lags in Consumer Behaviour [J]. Econometrica, 1952, 20 (3): 355 -371.

[43] Duesenberry J S. Income, Saving, and the Theory of Consumer Behavior [M]. Cambridge: Harvard University Press, 1949: 128.

[44] Hansen L P. Large Sample Properties of Generalized Method of Moments Estimators [J]. Econometrica, 1982 (50): 1029 -1054.

第八章　新型城镇化促进服务消费的政策建议

制约我国城乡居民服务消费需求的根源在于城乡之间和城市内部的“双重二元”制度安排和体制障碍，扩大服务消费需求重点在于如何破解这种二元制度障碍，最大限度地释放城镇移民和即将进城农民的服务需求。新型城镇化的核心命题就是打破长期困扰我国城乡发展的户籍制度、土地制度、就业制度及附着在其背后的各项社会保障制度，这恰恰契合了扩大城乡服务消费需求的需要。在新型城镇化背景下扩大城乡居民服务消费，不仅需要加快户籍等关键领域的制度改革，更重要的是要建立起多种制度有机衔接的完善制度体系，这是新形势下促进城乡一体化发展的必然选择。由此，本书围绕新型城镇化的核心命题和内涵，探讨城乡户籍、土地、就业、社会保障和产业之间的内在关系，深入剖析城镇化进程中制度非联动改革引起的矛盾，构筑户籍、土地、就业、社保和产业的经济关联性理论框架；围绕扩大城乡居民服务消费需求的目标，在多种制度联动可行性分析的基础上，探讨如何设计并构建以户籍制度改革为突破口，以推动土地流转为基础，以完善社会保障福利制度为核心，以稳定就业和产业配套为支撑的制度联动系统。

第一节　城镇化加速期制约服务消费需求的因素分析

一、户籍制度改革滞后抑制农民服务消费需求

国内学者对户籍分割制度造成的“城镇化缺口”以及对消费需求的抑制作

用做了大量深入的研究。王春光（2006）[①]、陈丰（2007）[②] 分别将中国人口城镇化的第一阶段称为“半城市化”状态。这种不完全状态是人口城镇化过程的过渡阶段。由于半城镇化现象的存在，中国农村转移人口市民化的速度远低于向城镇迁移的速度，从而导致了“城镇化缺口”的产生，而这一缺口又在一定程度上制约了城镇化的进程和质量。孔艳芳（2015）从“迁移”和“转化”两个阶段深入剖析了人口城镇化的户籍分割问题。其中“迁移”表现为农村剩余劳动力在就业上向城镇非农产业的转移，“转化”是指农民转移到城镇后，在身份、工作环境、生活习惯、社会认同等方面融入城镇的“市民化”过程。笔者发现，房价的飞快上涨和居民消费能力不足是造成“城镇化缺口”持续扩大的关键因素，即房价每提高 1%，“城镇化缺口”会增加 1.05%；农村居民城镇消费能力有限也加大了“城镇化缺口”。[③]

朱喜群和赵康（2013）从户籍制度对就业政策的限制角度，分析了农民难以享受与城镇居民同等的就业机会和就业服务的问题。[④] 据调查，2018 年农民工月均收入 3721 元，外出务工农民工月均收入 4107 元，而 2017 年，城镇非私营单位就业人员月平均工资为 6190 元。相比之下，农民工的收入水平和城镇市民的收入水平还是有较大差距的。[⑤] 刘爱梅（2016）认为，城镇化能通过使农民变市民提高他们的消费率，并预测如果未来我国城镇化率能达到 75%，还需要转移约 2.7 亿农村人口进入城镇，那么满足这 5 亿多人口的消费需求过程就能大大提高我国居民的消费率，促进我国经济结构的不断优化升级。[⑥] 孙军和高彦彦（2016）认为，我国农村人口的半城镇化所造成的居民消费不足导致了我国服务业的层次低、发展水平相对落后、良性自循环功能欠缺。[⑦] 据统计，在进城农民工中，租房居住的占 61.3%，购买住房的占 19%，其中，购买商品房的占

① 王春光. 农村流动人口的“半城市化”问题研究［J］. 社会学研究，2006（9）：107 – 122.

② 陈丰. 从“虚城市化”到市民化：农民工城市化的现实路径［J］. 社会科学，2007（2）：110 – 120.

③ 孔艳芳. 房价、消费能力与人口城镇化缺口研究［J］. 中国人口科学，2015（5）：33 – 44.

④ 朱喜群，赵康. 城市化加速时期的城乡一体化发展——基于扩大居民消费需求视角［J］. 苏州大学学报，2013（1）：54 – 60.

⑤ 2018 年农民工监测调查报告［EB/OL］. 国家统计局. www.stats.gov.cn/tjsj/zxfb/201904/t2019429_1662268.html，2019 – 04 – 29.

⑥ 刘爱梅. 创新和城镇化对中国经济转型升级的作用研究——从李克强总理关于经济转型升级动力的论述谈起［J］. 东岳论丛，2016（1）：136 – 142.

⑦ 孙军，高彦彦. 农村人口半城镇化视阈下的中国经济增长机制及其风险研究［J］. 上海经济研究，2016（9）：17 – 32.

17.4%，而只有2.9%享受保障性住房。① 处于半城镇化的农民在劳动报酬、子女教育、社会保障和住房等许多方面都没有享受到与城市居民同等的待遇，无法真正融入城市中。

我国现行的户籍制度使农民工市民化的渠道窄、程度低，缺乏融入城市社会的公平机制。户籍制度改革的核心是剥离、剔除黏附在户籍关系上的种种社会经济差别功能，打破传统的城乡分割的二元户籍制度，实现城乡统一的一体化服务，使公民获得统一的身份，充分体现公民有居住和迁移的自由权利，真正做到城乡居民在发展机会面前地位平等。

二、农村财产制度改革滞后阻碍农民收入提高

提高我国农民消费的主要途径是建立农民增收的长效机制，而这种长效机制的核心是农村体制和制度的改革。当前，我国农村居民的收入结构中，工资性收入占大部分，接近70%，而财产性收入只有2%左右。随着工业化和城镇化的推进，农村青壮年劳动力绝大部分已经从农业中转移出来，但依靠劳动力转移带来的工资性收入增加的增收潜力十分有限。因此，通过农村财产制度改革，增加农民财产性收入才是农民增收的核心。②

财产性收入占居民总收入的比重，是衡量一个国家和地区居民富裕程度的重要标尺。③ 党的十七大报告指出"要创造条件让更多群众拥有财产性收入"；党的十八大报告指出"多渠道增加居民财产性收入"；党的十九大报告强调要"拓宽居民劳动收入和财产性收入渠道"。稳定持续地增加农民财产性收入及其占人均可支配收入的比重，对于进一步缩小城乡收入差距、推动城乡融合发展具有重要的现实意义。

我国农村财产制度改革滞后突出表现为农村土地制度改革滞后。随着城市化进程的加速，农村土地城市化溢价越来越明显，但是这种溢价并没有真正缩小城乡居民的收入差距。其原因在于土地征收制度的缺陷上，例如在征地范围、征地补偿标准、征地程序和对征地农民的安置等方面存在问题，使得土地增值收益不

---

① 2018年农民工监测调查报告［EB/OL］. 国家统计局. www.stats.gov.cn/tjsj/zxfb/201904/t20190429_1662268.html, 2019-04-29.

② 徐元明，刘远. 农村财产制度改革与农民增收长效机制的构建［J］. 江海学刊，2011（6）：100-105.

③ 徐元明. 深入推进农村改革增加农民财产性收入［J］. 江苏农村经济，2011（12）：25-27.

能实现城乡共享。[①] 我国农村地区的土地所有制为三级制的“农民集体所有”，即“村民集体所有”“乡镇农民集体所有”和“村内两个以上的集体经济组织中的农民集体所有”。但是农民集体不是法律上的组织，而是一个抽象的、没有法律人格意义、不能具体行使对土地有效监督和管理的群体。国家禁止土地所有权的买卖、抵押或者其他形式的转让，这让农民集体土地所有权和收益权都不能自由转让和变现。

另外，我国现行的土地制度安排不仅堵塞了农民获得财产性收入的渠道，而且助推了房价的上涨。[②] 高房价使农民工进城要付出巨大的代价和成本，即使农业转移人口拼尽全力购买了昂贵的房产，他们用于教育、健康等方面的支出份额就会相应减少。总之，农村土地制度承担了整个工业化和城市化的成本，而依托于土地的财产性收入来源丧失，农民收入增长缓慢，这成为制约农民消费需求增长的又一重要障碍。

三、基本公共服务供给不足抑制服务消费需求扩大

公共服务是以提振消费为主导的内需型增长的动力。进入新时代，中国社会的主要矛盾是人民日益增长的美好生活需要和不平衡不充分的发展之间的矛盾，这实际上反映了人们对公共产品和服务的需求在迅速上升，而这些消费需要单纯依靠个体或家庭层面的消费能力是无法满足的，必须由社区、城市乃至国家等更高级别的集体消费单位进行组织和供给才可能实现。[③] 我国基本公共服务供给体制改革的广度和深度都与当前的城市化水平不相符合，从而抑制了服务消费需求的扩张。发达国家与发展中国家消费差异的最大差别就体现在以医疗保险、教育文化为代表的公共服务产品的消费上。一个发达国家的家庭，其收入的30%～40%用于购买公共服务并不罕见，而发展中国家的家庭购买公共服务的数量和占比则低得多。[④]

国内学者的研究检验了农村公共卫生投入能够促进农村居民消费的增长。尤

① 洪名勇.城乡二元土地制度：逻辑起点、演进与未来改革［J］.经济研究参考，2018（38）：31-41.

② 蔡继明，高宏，熊柴.深化土地制度改革，扩大居民消费需求［J］.河北学刊，2018（11）：140-148.

③ 林晓珊.集体消费与美好生活“需要”的结构转型与城市治理［J］.中国社会科学评价，2018（1）：53-59.

④ 中国战略与管理研究会.危机与出路：跨越“中等收入陷阱”［M］.海口：海南出版社，2015.

其是参加新农合与农村居民的非医疗消费和医疗消费均有显著正向关系。[①] 政府扩大教育、医疗等公共服务领域的支出能够减轻居民家庭的支出负担，降低预防性储蓄动机。[②] 随着居民个人的教育、医疗等公共服务支出负担下降，居民家庭"省下来的"公共服务支出部分将用于新的消费开支，从而推动消费结构升级。

除了和发达国家政府公共服务支出差距较大外，我国公共服务供给的另一个突出的问题，即城乡基本公共服务的差距较大，这主要体现在教育、医疗和养老三大领域。首先，在义务教育方面，作为一个发展中国家，我国在义务教育领域的投入并不算很低，例如2017年财政性教育经费占全部财政支出的16.8%，但在如此巨大的投入下，我国农村教育仍然落后，比如农村学校数量持续减少、乡村学校生师比不断下降、学生成绩越来越差、辍学率居高不下；在医疗卫生方面，城乡居民享受的医疗卫生服务差距很大，我国约80%的政府卫生资源流向了城市地区，仅有20%的卫生资源用于农村地区；在社会保障方面，城乡之间养老保障水平差距较大，以养老保险为例，虽然2010年已有1亿多农民参加了新型农村养老保险，但其基础养老金每月只有55元，不能从根本上解决农村养老保障问题。我国长期以来存在城乡二元的公共服务供给体制，城市居民可以享受为数众多的公共服务，而广大农民却没有享受应有的"国民待遇"。[③]

第二节　新型城镇化促进服务消费的政策建议

一、深化户籍制度改革

新型城镇化的核心就是如何让农民变市民，而户籍制度是农民市民化的根本性制度障碍，必须加快推进户籍制度改革，建立城乡统一的户籍制度和劳动力市场，进而使农民能够享有同城市居民同等的基本待遇。

1. 实行以居住地管理为主的城乡统一的居民身份制度

改革农村户口和城市户口的"二元结构"户籍管理体制，实行以居住地管

① 毛捷，赵金冉．政府公共卫生投入的经济效应——基于农村居民消费的检验［J］．中国社会科学，2018（1）：70－89.

② 胡志平．经济高质量发展的公共服务动力［J］．社会科学研究，2018（11）：42－50.

③ 马海涛，程岚，秦强．论我国城乡基本公共服务均等化［J］．财经科学，2008（12）：96－104.

理为主的城乡统一的居民身份制度。《国家新型城镇化规划》用中央文件形式确认了户籍改革的前途方向，明确指出不同规模城市的户籍门槛，对差别化落户做了明确规定。各类城镇要健全农业转移人口落户制度，根据综合承载能力和发展潜力，以就业年限、居住年限、城镇社会保险参保年限等为基准条件，因地制宜地制定具体的农业转移人口落户标准，并向全社会公布，引导农业转移人口在城镇落户的预期和选择。显然，根据城市现有人口规模有梯次地设置户籍门槛，从最严格的积分落户制到最宽松的全面放开建制镇和小城市落户限制。这种新的户籍改革已经从过去最严格的城乡人口管控转变为现在社会管理的有效手段。

2. 实现城乡统一的、公平的人口管理制度

剥离挂靠在户籍上的诸多公共服务和福利，户籍制度只是人口基本信息的统计，实现城乡统一的、对所有社会成员无歧视的人口管理制度。户籍制度改革的实际进程滞后的原因很大程度上在于地方政府设定城市落户门槛。放开户籍限制，我们可以借鉴欧美日等国的成功经验，例如采取社会保障卡或异地自动登记制度，使流动人口可以简便、快速地融入流入地，与当地市民同享社会发展之成果。

3. 采用渐进式改革，因地制宜采用差别化落户政策

我国幅员辽阔，各地区经济发展不平衡，实际情况千差万别，因此实行户籍改革是一项复杂的系统工程。既要保障迁移人口的利益，又要兼顾到各地区的城市承载能力。建议我国户籍制度改革应该着重从小城镇入手，全面放开建制镇和小城市落户限制，因为小城镇户籍改革难度比较小。相比之下，大城市户籍改革推进难度比较大，贸然全面放开会导致人满为患。因此，户籍的放开，要考虑城市的承载能力以及各项社会保障和福利是否能落实到位。因此，今后一段时期内大城市户籍改革的重点应放在提高质量上。

综上所述，我国户籍改革是非常复杂的，牵一发而动全身。户籍改革的必要性和复杂性决定了这是一项长期的、艰巨的历史任务。

二、构建城乡一体的财产制度

财产性收入占居民收入的比重是衡量市场化程度和富裕程度的重要标志。从欧美发达国家的经验来看，财产性收入是家庭收入的主要来源。党的十七大提出要“创造条件让更多群众拥有财产性收入”，并将其作为“加快推进以改善民生为重点的社会建设”的重要内容以及国家关注的民生问题、促进社会公平的政策性目标。提高农民的财产性收入重点是推进农村产权制度改革，使农民获得完整

的财产所有权、使用权、经营权和收益权。[①]

1. 深化农村土地制度改革，增强农村土地资本化能力

土地流转虽然在我国农村实施多年，但进展和成效不尽如人意。新型城镇化下深化农村土地制度改革，建议重点要提高村土地资产的资本化和收入化转移能力。

首先，明晰集体土地和农民土地产权，设立土地发展权和土地抵押权，从法律角度切实保障农民可以将土地进行转让、出租、抵押、入股和出售，使土地真正成为农民财产性收入的重要来源。

其次，全面改革现行土地征收制度，规范征地程序，赋予农民真正的参与权和知情权，设计合理的农民权益表达机制；改革征地补偿机制，按土地市场价格进行征用补偿农民。

最后，加快农村集体建设用地使用权流转步伐，实现城乡统一的土地市场。为农村集体建设用地使用权流转提供强有力的法律支撑，充分保障农民分享土地增值收益。

2. 确立农民房屋的完整产权，使更多农民在流转中增加财产性收入

当前我国农村房屋产权制度主要存在两个突出的问题：一是农村房屋产权产籍管理滞后，例如多家发证和越权发证造成农村房屋权属关系混乱，在很大程度上阻碍了农村房屋产权的流转，进而阻碍了农村财产性收入的增加；二是农村房屋产权权能不完整，造成私下流转频繁，而这种私下流转往往会导致房产价值低估，或者得不到法律的保护，从而严重扰乱了市场秩序。[②] 因此，确立农民房屋的完整产权是增加农民财产性收入的有效手段。

首先，给农民住房确权颁证。制定实现城市土地和农村土地、国有土地和集体土地同地、同权、同利的政策法规。从法律上明确农村土地和国有土地上的房屋享受同等权利。建议设立全国统一的不动产登记机关，使农民房屋具有集体建设用地使用证和房屋产权证。这样既保护了农民的合法权益，又能为农村宅基地上的房屋进入市场创造有利条件。

其次，逐步推开农村房屋抵押工作。我国现行法虽禁止宅基地使用权单独抵押，但并未禁止宅基地上的农房抵押。考虑到在城郊接合部或是经济活跃的乡镇等这样的交易需求活跃，因此，建议在这些地区逐步推开农村房屋抵押工作，鼓

① 徐元明，刘远．农村财产制度改革与农民增收长效机制的构建［J］．江海学刊，2011（6）：100－105.

② 谢旭人．加快改革财税体制完善公共财政体系［N］．经济日报，2012－11－20.

励农业银行金融机构积极进入农村房屋抵押市场。

最后，建立城乡统一的房地产交易市场。建立城乡统一的房地产交易市场就是让国有土地和集体土地，特别是国有建设用地和集体建设用地实现“同地同权同价”，根本目的是维护农民合法权益。党的十八届三中全会已提出可以试点农村房屋买卖。建议建立政府、农民集体和农民三者对农村房屋产权流转收益的分配机制，充分保障政府、集体和农民的权益。

3. 积极推进农村集体资产产权制度改革

从农民增收视角来看，推动农村集体资产产权制度改革的任务之一是打通农民从集体资产中获取收益的渠道，使集体资产增值收益成为农村居民财产性收入的重要来源。2016 年《中共中央国务院关于稳步推进农村集体产权制度改革的意见》提出，为探索农村集体所有制有效实现形式、创新农村集体经济运行机制、保护农民集体资产权益、调动农民发展现代农业和建设社会主义新农村的积极性、稳步推进农村集体产权制度改革提供了目标和具体指导。具体包括：清核社区集体资产，分类登记造册；明晰集体产权，实现成员按份共有；成立社区股份经济合作社，建立健全法人治理结构，切实维护成员的合法权益。

三、促进城乡公共服务均衡发展

党的十九大报告指出到 2035 年基本实现基本公共服务均等化。公共服务供给不平衡抑制高质量发展，实现基本公共服务均等化目标，通过均等化实现经济社会平衡发展。因此，促进城乡公共服务均衡发展必须建立起一系列配套的制度改革措施。

1. 彻底改变以往以 GDP 考量的政绩考核导向

长期以来以 GDP 为导向的经济发展衡量指标，导致政府“重经济轻服务”偏向。2018 年中央经济工作会议提出，“推动高质量发展是当前和今后一个时期确定发展思路、制定经济政策、实施宏观调控的根本要求，必须加快形成推动高质量发展的指标体系、政策体系、标准体系、统计体系、绩效评价、政绩考核，创建和完善制度环境，推动中国经济在实现高质量发展上不断取得新进展”。这说明，政府考核不可再以 GDP 论英雄，必须增加公共服务供给的考核指标。这些指标具体包括：构建财政公共服务投入指标和结构指标，将农民工市民化率作为考核地方政府的重要指标，推动公共服务立法，让公共服务供给从地方政府的软指标上升为硬指标。[①]

2. 推动政府公共财政体制改革

2018 年 2 月，国务院办公厅印发了《基本公共服务领域中央与地方共同财政事权和支出责任划分改革方案》，为进一步完善政府公共服务的财政制度迈出了重要一步。近些年，完善财政体制取得了一定成效，但也存在政府间事权和支出责任划分不够清晰、转移支付制度尚需完善、省以下财政体制改革还未完全到位等问题，迫切需要通过深化改革加以解决。[②] 如何合理界定中央与地方的事权和支出责任，优化转移支付结构，推进省以下财政体制改革，提高基层公共服务水平，是推动我国政府公共财政体制改革的重要内容。

3. 增加农村公共服务供给

增加农村公共服务供给，加快实现城乡基本公共服务均等化，重点是要完善农村养老保险制度、合作医疗制度，降低农民预防性储蓄动机；加大支农力度，建立健全财政支农稳定长效机制；合理划分中央与地方政府财政分配职责，明确基层政府在农村公共产品供给中的职责，保障农村公共服务落实。

4. 提高公共服务社会化供给

公共服务是多维度的，单纯地依靠政府投入是远远不够的。实现公共服务多元化供给需要公共服务供给的市场化、社会化力量共同参与。[③] 政府、市场与社会合作能够有效提升公共服务效率，缓解政府的财力不足，大大提升公共服务供给量，更好地满足经济高质量发展的需要和人民日益增长的美好生活诉求。

多元主体共同参与下的公共服务有效供给包括以下四个方面：一是要拓宽公共服务资金融资渠道，实现政府与社会资本合作机制；二是培育社会组织的自治能力，精准对接公众公共服务需求；三是应用“互联网 +”在众多领域的融合运用，加速公共服务供给技术创新；四是完善政府与社会资本在公共服务合作的协商机制、协调机制、分担机制和责任追究机制，更好地为公众提供完善的公共服务。

四、提高居民收入水平，加快收入分配制度改革

扩大服务消费的关键是提高居民收入，而提高居民收入水平的一个重要环节就是有效促进服务业就业。Guo 和 Diaye 指出，解释中国居民消费率的三大变量

① 谢旭人. 加快完善有利于科学发展的财税体制 [J]. 求是，2012 (12)：33 - 36.

② 谢旭人. 加快改革和完善财税体制 [J]. 行政管理改革，2010 (11)：16 - 19.

③ 胡志平. 经济高质量发展的公共服务动力 [J]. 社会科学研究，2018 (11)：42 - 50.

是居民可支配收入、服务业就业占比和资本市场自由度。[①] 收入决定消费，而收入提高却受服务业就业占比制约。当服务业从农业中吸纳更多人口就业时，必将提高家庭的收入，进而提高居民消费。目前，中国外出农民工数量在 1.4 亿 ~ 1.7 亿之间，这个群体在2008 ~2015 年的增速由5.5%下降到0.4%。[②] 其原因在于越来越多的农民工开始从大城市流出，流回到来源地或二线省会城市，转向餐饮住宿、批发零售等中低端服务行业。因此，鼓励发展贴近民生的生活服务业，积极促进二三线城市服务业就业是提高城乡居民收入水平的重要途径。

收入分配的严重失衡正在对经济发展和社会和谐产生越来越不利的影响。一方面，收入分配不合理制约了居民的消费能力；另一方面，行业垄断阻碍了公平竞争环境，挫伤人们工作的积极性。完善初次分配是我国收入分配制度改革的核心，具体包括实行减税、控费，降低中低收入人群税负，并实行超收税费退税制度，控制各级政府超收税费的冲动；打破行业壁垒，严查灰色收入，缩小行业间收入差距，实现收入平等化；加快国有企业改革，真正解决软预算约束，形成有效的成本控制和利润激励机制，并建立机制让全民分享国有企业盈利。

五、深化服务业体制改革，改善服务消费环境

中国服务业经过多年改革，形成了服务业产权主体多元化的格局，但是新旧体制的矛盾还很多。以市场化方向发展现代服务消费产业，允许更多的企业进入垄断经营的服务领域。把破除行政垄断作为加快服务业市场开放的重点，在加强服务业领域反垄断的同时，尽快放开服务业领域的价格管制，以形成市场决定服务业领域资源配置的新格局。[③]

在完善消费市场环境方面，重要的是规范服务市场支出，对于新兴的、暂不能实现标准化的服务领域，应广泛推行服务承诺、公约和规范等制度；建立社会信用体系，健全消费维权机制，加大违法惩治力度，切实维护消费者合法权益。

在完善服务消费环境方面，一个重要的内容就是要进一步完善农村消费环境。农村消费环境对农户消费意愿和消费结构有重要影响。农村商品流通体系的不畅通是制约农村消费环境优化的关键。健全农村消费市场重点是打破城乡市场分割，推进城乡消费品市场一体化，以城市消费的示范效应改变农村相对保守的

---

① GUO K, Kai Guo, Papa. M N' Diaye P. Determinants of China Private Consumption: An International Perspective [J]. Imf Working Papers, 2010, 10 (93): 5.

② 国家统计局. 2016 年中国农民工监测调查报告 [EB/OL]. 国家统计局, http: //www. stats. gov. cn/tjsj/zxfb/201704/t20170428_ 1489334. html, 2017 - 02 - 26.

③ 迟福林. 以转型改革加快“十三五”服务型经济发展 [N]. 光明日报, 2015 - 10 - 28.

消费观念和生活方式，将对消费产生巨大的放大效应。

首先，要完善城乡市场网络的区域布局，把城乡消费市场当作一个整体、一个系统来看待。一方面充分发挥城市消费品市场对于农村市场的辐射带动作用，引导、鼓励大中型流通企业向农村延伸网络；另一方面必须加快农村消费品市场建设和农村商业网点建设，积极推进农村物流配送发展。

其次，积极开拓农村教育、养老等服务市场。近期，国家发展改革委等18部门联合发布《加大力度推动社会领域公共服务补短板强弱项提质量　促进形成强大国内市场的行动方案》，明确全面放开养老服务市场，加快建立全国统一的养老服务质量标准和评价体系。大力发展农村互助养老服务，统筹规划建设公益性养老服务设施，推动50%的乡镇建有1所农村养老服务机构。

最后，打破城乡分割的市场管理体制。加快法规体系建设，从法律上规范市场交易行为，加强对农村消费市场的管理，整顿规范农村市场秩序，让农民放心大胆消费。

参考文献

[1] 蔡继明，高宏，熊柴．深化土地制度改革，扩大居民消费需求［J］．河北学刊，2018（11）：140－148.

[2] 陈丰．从“虚城市化”到市民化：农民工城市化的现实路径［J］．社会科学，2007（2）：110－120.

[3] 迟福林．以转型改革加快“十三五”服务型经济发展［N］．光明日报，2015－10－28.

[4] 洪名勇．城乡二元土地制度：逻辑起点、演进与未来改革［J］．经济研究参考，2018（38）：31－41.

[5] 孔艳芳．房价、消费能力与人口城镇化缺口研究［J］．中国人口科学，2015（5）：33－44.

[6] 林晓珊．集体消费与美好生活“需要”的结构转型与城市治理［J］．中国社会科学评价，2018（1）：53－59.

[7] 刘爱梅．创新和城镇化对中国经济转型升级的作用研究——从李克强总理关于经济转型升级动力的论述谈起［J］．东岳论丛，2016（1）：136－142.

［8］马海涛，程岚，秦强．论我国城乡基本公共服务均等化［J］．财经科学，2008（12）．

［9］毛捷，赵金冉．政府公共卫生投入的经济效应——基于农村居民消费的检验［J］．中国社会科学，2018（1）：70－89.

［10］孙军，高彦彦．农村人口半城镇化视阈下的中国经济增长机制及其风险研究［J］．上海经济研究，2016（9）：17－32.

［11］王春光．农村流动人口的“半城市化”问题研究［J］．社会学研究，2006（5）．

［12］徐元明，刘远．农村财产制度改革与农民增收长效机制的构建［J］．江海学刊，2011（6）：100－105.

［13］赵燕菁．危机与出路：跨越“中等收入陷阱”［J］．战略与管理，2015（3）：3－21.

［14］朱喜群，赵康．城市化加速时期的城乡一体化发展——基于扩大居民消费需求视角［J］．苏州大学学报，2013（1）：54－60.

［15］Kai Guo，PaPa. M'Diaye P. Determinants of China Private Consumption：An International Perspective［J］．Imf Working Papers，2010，10（93）：5.